Guide de communication en français

Cidalia Martins & Jean-Jacques Mabilat

Édition actualisée et enrichie
de l'ouvrage *Conversations* paru en 2003

Édition : Valentine Pillet / Illustrations : Joëlle Passeron / Couverture : olo.éditions / Maquette : amarantedesign

© Les Éditions Didier, Paris, 2014   ISBN 978-2-278-07924-7

Pourquoi ce guide ?

Ce guide vous aidera à progresser et gagner en confiance dans votre communication en français. Il s'adresse à un large public :
– étudiants de français langue étrangère, dès le début et tout au long de leur apprentissage (niveaux A1 à B2 du CECRL) ;
– personnes installées en France, dans un pays francophone ou de passage (tourisme, travail) ;
– professeurs de français langue étrangère qui pourront l'utiliser comme matériel complémentaire à leurs cours.

Cet ouvrage est d'abord un outil très pratique. Chacun des douze chapitres recense les situations-clés de la vie quotidienne : des plus simples (chapitres « Premiers pas dans un pays francophone » et « Premières conversations ») aux plus complexes (« Échanges - Argumentation », « Résider en France »).
Dans chaque chapitre, les façons de dire sont classées par acte de parole, puis par niveau de langue (standard, soutenu, familier et familier-jeune), pour vous aider à (re)trouver la structure, l'expression la plus adaptée à votre besoin.
Et, en fin d'ouvrage, l'index traduit en 7 langues, facilite la circulation dans le guide.

C'est ensuite un outil actuel. Nous avons pris soin de proposer dans les différentes rubriques, des façons de dire et des dialogues écrits dans le français d'aujourd'hui. Pour cela, nous nous sommes appuyés sur l'enquête que nous avons menée auprès de nombreux francophones de tous âges et de tous milieux sociaux.
L'ouvrage est en outre complété par les enregistrements audio des dialogues disponibles sur le site www.centpourcentfle.fr, que vous pourrez télécharger et ensuite écouter partout !

Enfin, ce guide est ouvert sur la francophonie. Il fournit des informations sur les usages et pratiques linguistiques en France et dans d'autres pays francophones comme la Belgique, la Suisse ou le Canada.

Nous espérons que vous aurez plaisir à l'utiliser très régulièrement comme nous avons eu plaisir à le concevoir !

Les auteurs

Sommaire

Profitez pleinement de ce guide !

• Dans chaque chapitre...

Retrouvez ←
les situations de communication
qui vous intéressent.

→ Recherchez
les façons de dire
pour communiquer
en toute situation.

Lisez et écoutez ←
les dialogues
pour mémoriser
les façons de dire.

• Pour vous aider en toute situation...

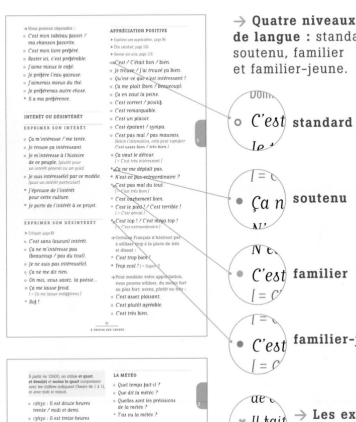

→ **Quatre niveaux de langue :** standard, soutenu, familier et familier-jeune.

o *C'est* **standard**

Ça n **soutenu**

C'est **familier**

C'est **familier-jeune**

→ **Les expressions imagées** les plus courantes.

→ **Les principaux codes culturels** utilisés dans les pays francophones.

→ Vous pouvez répondre :
- o C'est mon tableau favori / ma chanson favorite.
- o C'est mon livre préféré.
- o Rester ici, c'est préférable.
- o J'aime mieux le café.
- o Je préfère l'eau gazeuse.
- o J'aimerais mieux du thé.
- o Je préférerais autre chose.
- * Il a ma préférence.

INTÉRÊT OU DÉSINTÉRÊT

EXPRIMER SON INTÉRÊT

- o Ça m'intéresse / me tente.
- o Je trouve ça intéressant.
- o Je m'intéresse à l'histoire de ce peuple. [plutôt pour un intérêt général ou un goût]
- o Je suis intéressé(e) par ce modèle. [pour un intérêt particulier]
- * J'éprouve de l'intérêt pour cette culture.
- * Je porte de l'intérêt à ce projet.

EXPRIMER SON DÉSINTÉRÊT

▸ Critiquer, page 89
- o C'est sans (aucun) intérêt.
- o Ça ne m'intéresse pas (beaucoup / pas du tout).
- o Je ne suis pas intéressé(e).
- o Ça ne me dit rien.
- o Oh moi, vous savez, la poésie...
- ✕ Ça me laisse froid. [= Ça me laisse indifférent.]
- * Bof !

87
À PROPOS DES CHOSES

APPRÉCIATION POSITIVE

▸ Exprimer une appréciation, page 86
▸ Être satisfait, page 155
▸ Donner son avis, page 116
- o C'est / C'était bon / bien.
- o Je trouve / J'ai trouvé ça bien.
- o Qu'est-ce que c'est intéressant !
- o Ça me plaît (bien / beaucoup).
- o Ça en vaut la peine.
- o C'est correct / positif.
- o C'est remarquable.
- o C'est un plaisir.
- o C'est épatant / sympa.
- o C'est pas mal / pas mauvais. [Selon l'intonation, cela peut signifier C'est assez bien / très bien.]
- ✕ Ça vaut le détour. [= C'est très intéressant.]
- *Ça ne me déplaît pas.
- * N'est-ce pas extraordinaire ?
- *C'est pas mal du tout. [= C'est très bien.]
- * C'est vachement bien.
- * C'est le pied ! / C'est terrible ! [= C'est génial.]
- *C'est top ! / C'est méga top ! [= C'est extraordinaire.]

→ Certains Français n'hésitent pas à utiliser trop à la place de très et disent :
- * C'est trop bien !
- * Trop cool ! [= Super !]

→ Pour moduler votre appréciation, vous pouvez utiliser, du moins fort au plus fort : assez, plutôt ou très :
- o C'est assez plaisant.
- o C'est plutôt agréable.
- o C'est très bien.

À partir de 12h00, on utilise **et quart**, **et demi(e)** et **moins le quart** uniquement avec les chiffres indiquant l'heure de 1 à 11, et avec midi et minuit.

- o 12h30 : Il est douze heures trente / midi et demi.
- o 13h30 : Il est treize heures trente / une heure et demie.
- o 23h45 : Il est vingt-trois heures quarante-cinq / minuit moins le quart.

PARLER DE LA PONCTUALITÉ

- o Elle est en avance / en retard / à l'heure.
- o Il est pile à l'heure.
- ✕ Il a eu une panne d'oreiller. [= Il a trop dormi et est arrivé en retard.]
- ✕ Elle est réglée comme une montre suisse. [= Elle est toujours à l'heure.]
- ✕ Il est à la bourre. [= Il est en retard.]

LE JOUR DE LA SEMAINE

- o Quel jour sommes-nous ?
- o Nous sommes quel jour ?
- o On est quel jour ?

→ Vous pouvez répondre :
- o Nous sommes lundi.
- o On est jeudi.

LA DATE

- o Quelle est la date d'aujourd'hui ?
- o On est le combien ?

→ Vous pouvez répondre :
- o Nous sommes le 25 (novembre).
- o On est le 19.

LA MÉTÉO

- o Quel temps fait-il ?
- o Que dit la météo ?
- o Quelles sont les prévisions de la météo ?
- o T'as vu la météo ?

→ Vous pouvez répondre :
- o Il fait beau / mauvais / chaud / froid.
- o Il y a une averse / un orage / de la tempête / du soleil.
- o Le ciel est bleu / gris.
- o Il va pleuvoir / neiger.
- o Il fait 28 °C. [vingt-huit degrés]
- o Il fait -4 °C [moins quatre]
- o On va avoir du beau temps.
- ✕ Il fait un temps de chien / de cochon. [= Il fait mauvais, il pleut.]
- ✕ Il fait un froid de canard. [= Il fait très froid.]

CONVERSATIONS DE CIRCONSTANCES

En France, il est fréquent, de parler de tout et de rien, de choses diverses et souvent futiles pour combler le silence, tel que la météo.

- ✕ Nous avons parlé de la pluie et du beau temps. [= Nous avons parlé de tout et de rien.]

→ Vous pouvez dire :
- o Il fait froid aujourd'hui. Vous pensez qu'il va neiger ?
- o Il fait une de ces chaleurs en ce moment. Vous ne trouvez pas ?
- o Vous pensez qu'il va faire très chaud ce week-end ?

37
LE TEMPS QUI PASSE ET LE TEMPS QU'IL FAIT

PREMIERS PAS DANS UN PAYS FRANCOPHONE

PREMIERS PAS DANS UN PAYS FRANCOPHONE

1. Premiers pas dans un pays francophone

PRENDRE CONTACT

SALUER

Si en France et en Belgique (surtout entre jeunes), on a l'habitude de faire la bise pour se dire bonjour (deux, trois, voire quatre bises), il n'en est pas de même au Québec où cette pratique est plutôt réservée aux amis.

EN ARRIVANT

o *Bonjour. / Bonsoir.*

En France vous pouvez dire **bonjour** jusqu'à 19 h ou 20 h en été, 17 h ou 18 h en hiver. Ensuite, dites **bonsoir**.

On ne dit **bonjour** qu'une fois par jour à la même personne. Sinon, on risque d'entendre un **rebonjour** qui signifie **On s'est déjà vu aujourd'hui.**
Si vous voyez une personne pour la deuxième fois, contentez-vous d'un petit sourire.

o *Bonjour monsieur / madame / mademoiselle.*

o *Bonsoir docteur.*

o *Bonjour monsieur le directeur / Pierre / Isabelle.*

● *Salut.*

● *Coucou.*

En cas d'incertitude entre **madame** et **mademoiselle**, il vaut mieux utiliser **madame**, quitte à se faire corriger. Notez que **mademoiselle** a disparu des formulaires officiels pour être remplacé par **madame**.

EN PARTANT

o *Au revoir.*

o *Au revoir monsieur / madame / mademoiselle.*

o *Adieu. [Expression mélodramatique qui ne s'utilise plus beaucoup, et qui peut signifier simplement au revoir.]*

o *Voici mes coordonnées.*

● *Salut !*

● *Tchao / bye / bye bye.*

→ **On peut répondre :**

o *Avez-vous une carte de visite ?*

o *Je vous laisse ma carte.*

● *Le plaisir est pour moi.*

→ **Vous pouvez ajouter :**

o *Bonne journée.*

o *Bon(ne) après-midi.*

o *Bonne fin de journée.*

o *Bon week-end.*

➤ Souhaiter quelque chose à quelqu'un, page 38

→ **Si la personne va dormir :**

● *Bonne nuit.*

● *Dors bien.*

● *Fais de beaux rêves.*

→ **Quand on se revoit dans la même journée :**

o *À tout de suite.*

o *À tout à l'heure.*

o *À plus tard.*

o *À ce soir.*

→ Quand on ne sait pas
   quand on va se revoir :
o À bientôt (j'espère).
o À un de ces jours.
o On se téléphone.
• À un de ces quatre !
• On se maile.
• On se fait signe.
• À plus.

→ Quand on sait
   quand on va se revoir :
o À demain.
o À lundi.
o À la semaine prochaine.

TRANSMETTRE SES SALUTATIONS

o Dites bonjour à Juan de ma part.
• Mes amitiés à votre mari.
• Embrasse bien les enfants.

NOMMER QUELQU'UN DE LOIN

o C'est la femme d'Étienne /
   la directrice / Stéphanie /
   Mme Vincent.

→ Quand la personne arrive :
o Voilà Émilie / le docteur.

DEMANDER À QUELQU'UN
DE SE PRÉSENTER

o Quel est votre nom
   (de famille) ?
o Vous êtes M. / Mme / Melle ... ?
• Tu t'appelles comment ?
• Quel est ton prénom ?
• Comment tu t'appelles ?

SE PRÉSENTER

o Je suis M. Martin.
o Je m'appelle Alexandre / Céline.
• Permettez-moi de me présenter,
   je suis M. Grandet.
• Moi, c'est Stéphane / Patricia.
   (Et toi ?)

PRÉSENTER QUELQU'UN

o Vous connaissez Philippe ?
o Je vous présente mon mari /
   mon épouse.
o Je voudrais vous présenter
   notre comptable, Mme Carsac.
• Voici Inès, une amie.
• Lui, c'est Mustafa. / Elle,
   c'est Laurence.

→ Vous pouvez répondre :
o Enchanté(e).
o Bonjour / Bonsoir.
• Ravi(e) de vous connaître.

DEMANDER DES NOUVELLES

o Comment allez-vous ?
o Vous allez bien ?
o Tout va bien ?
o Ça va ? / Comment ça va ?
• Salut, quoi de neuf ?

→ Vous pouvez répondre :
o (Très) Bien (merci), et vous ?
o Bien, et vous-même ?
o Ça va (bien).
• Pas mal et toi ?

→ Si ça ne va pas très bien,
vous pouvez dire :

○ *Comme un lundi !* [Cette expression
est utilisée quand les gens n'ont pas
très envie de travailler.]

○ *Non, ça ne va pas.*

• *Boſ !*

→ Il est rare d'entendre une réponse
négative, mais dans ce cas vous
pouvez demander :

○ *Qu'est-ce qui ne va pas ?*

○ *Qu'est-ce qu'il y a ?*

• *Qu'est-ce qui se passe ?*

• *Qu'est-ce qui t'arrive ?*

➤ État physique et santé, page 53

➤ Compassion, page 103

PROPOSER DE SE TUTOYER

Quand on fréquente la même école
ou la même université, quand on est jeune,
quand on travaille dans la même entreprise
à un niveau hiérarchique équivalent,
il est normal de se tutoyer.

À noter que dans d'autres pays francophones,
au Québec notamment, le tutoiement
est plus habituel qu'en France.

○ *On pourrait se tutoyer.*

○ *On se tutoie ?*

○ *On se dit tu ?*

• *Arrête de me vouvoyer !*

COMPLIMENTER

→ À propos des vêtements :

○ *J'aime beaucoup votre robe.*

○ *Ça vous va bien.*

➤ Demander de l'aide ou un conseil, page 66

→ À propos du physique :

○ *Vous avez l'air en pleine ſorme.*

○ *Vous avez une mine superbe.*

• *Tu as / T'as bonne mine.*

[Si vous ne connaissez pas bien
la personne, mieux vaut ne pas
lui ſaire de compliments.]

➤ État physique et santé, page 53

→ Vous pouvez répondre :

○ *Merci.*

○ *Vous êtes gentil / gentille.*

○ *C'est gentil de votre part.*

• *Tu trouves ?*

➤ Remercier, page 16

ABORDER QUELQU'UN

DANS LA RUE

○ *Excusez-moi, monsieur /
madame / mademoiselle !*

○ *Pardon, monsieur / madame /
mademoiselle !*

○ *S'il vous plaît, monsieur /
madame / mademoiselle !*

DANS UN BUREAU

○ *Excusez-moi de vous déranger !*

○ *Je peux entrer ?*

○ *Vous permettez ?*

→ On peut vous dire :

○ *Je peux vous aider ?*

○ *Je peux vous renseigner ?*

○ *C'est à quel sujet ?*

○ *Vous désirez ?*

• *Que puis-je ſaire pour vous ?*

➤ Inciter à la discussion, page 139

DANS UNE SOIRÉE

- *On ne se connaît pas. Bonsoir.*
- *On ne s'est pas déjà vus quelque part ?*
- *Alain, quelle surprise ! Ça fait longtemps !*
- *Tiens, salut !*
- *Ah tiens, qu'est-ce que tu fais là ?*
- *Oh, Marianne, c'est toi ? Je ne t'avais pas reconnue avec cette nouvelle coiffure !*

RENDRE SERVICE

INFORMATIONS

- *Est-ce que vous pourriez me renseigner ?*
- *J'aurais besoin d'un renseignement.*
- *Je voudrais une information.*
- *J'aurais voulu savoir si l'entrée est / était payante.*
- *Savez-vous si le train de 16h45 s'arrête à Poitiers ?*
- *Pouvez-vous me dire à quelle heure est le dernier métro ?*
- *Tu sais si la clim est réparée ?*
  [clim = climatisation]
- *Tu connais l'adresse de Mathilde ?*

Pour toute demande polie, ajoutez **s'il vous plaît** ou **s'il te plaît** à la fin de la phrase.

➤ Demander quelque chose, page 166

➤ Informer, page 167

AIDE

DEMANDER DE L'AIDE

- *Pourriez-vous me rendre un service ?*
- *Pourriez-vous m'aider ?*
- *Cela me rendrait service si ...*
- *J'ai /aurais besoin d'un numéro de téléphone.*
- *J'ai besoin de ton aide.*
- *Tu m'files / m'donnes un coup de main ?* [= Tu m'aides ?]

→ Dans une situation de danger :
- *Au secours !*
- *À l'aide !*

ACCEPTER D'AIDER

➤ Accepter, page 168

- *Bien sûr !*
- *Avec plaisir !*
- *Si cela peut vous rendre service.*
- *Si je peux faire quelque chose...*
- *Je l'ai fait de bon cœur.*
  [= Je l'ai fait volontiers.]
- *Si ça peut te rendre service.*
- *Si ça t'arrange.*

REFUSER D'AIDER

- *Désolé(e) mais je ne peux pas.*
- *Je regrette.*
- *Je peux pas t'aider.*
- *J'ai pas le temps.*
- *C'est pas le moment.*
- *Demande plutôt à Manu.*

PROPOSER DE L'AIDE

○ *Je peux vous aider ?*

○ *Vous voulez que je vous aide ?*

○ *Est-ce que je peux vous renseigner ?*

✱ *Je vais vous dépanner.*
   [= Je vais vous rendre service (souvent à propos d'argent).]

● *Tu veux de l'aide ?*

✱ *Je te donne un coup de main ?*
   [= Je t'aide ?]

ACCEPTER DE L'AIDE

➤ Accepter, page 168

○ *Ça me rendrait vraiment service.*

○ *Merci, c'est très gentil.*

○ *Je veux bien.*

✱ *Vous me retirez une épine du pied. [= Vous me rendez un grand service.]*

● *Merci, c'est très aimable de votre part.*

● *C'est sympa, merci.*

REFUSER DE L'AIDE

○ *Ce n'est pas la peine, merci.*

○ *Merci c'est très gentil, mais ça va aller.*

● *C'est très aimable à vous, mais je trouverai une solution.*

● *C'est sympa de ta part mais je vais m'arranger.*

● *Merci, mais je vais me débrouiller (tout seul).*

● *Je vais me démerder, merci.*
   [assez grossier]

PROMETTRE

➤ Promettre / Rassurer, page 168

○ *C'est promis.*

○ *Ne vous inquiétez pas, je le ferai.*

○ *Je vous promets que ce sera fait.*

○ *Vous pouvez compter sur moi.*

○ *Soyez sans crainte, je vais le faire.*

○ *Je vous promets de faire tout mon possible.*

● *Sans faute !*

● *T'inquiète ! [= Ne t'inquiète pas.]*

REMERCIER

➤ Remercier, page 170

DIRE MERCI

○ *Merci. / Merci pour tout.*

○ *Merci beaucoup pour le livre.*

○ *C'est (vraiment / très) gentil à vous. / Merci à vous.*

○ *Je vous remercie d'être venu(e).*

○ *Je vous remercie pour votre aide.*

● *Tu m'as rendu un sacré service.*

→ **Pour renouveler un remerciement :**
○ *Encore merci.*

RÉPONDRE À UN REMERCIEMENT

○ *Ce n'est rien. / De rien.*

○ *Je vous en prie (c'est tout naturel).*

○ *C'est la moindre des choses.*

● *Y a pas de quoi. / Pas de quoi ! [= Il n'y a pas de quoi.]*

CHANGER DE L'ARGENT

○ *Bonjour, je voudrais changer 100 dollars en euros, s'il vous plaît.*

○ *Quel est le taux de change, s'il vous plaît ?*

○ *Vous prenez une commission ?*

ALLER À LA POSTE

Maintenant, en général, en France, un hôte d'accueil vous reçoit à l'entrée de la poste et vous demande ce que vous désirez. Il vous dirigera ensuite vers un guichet ou un distributeur automatique.

→ **Pour des lettres ou des paquets :**

En France, vous pouvez acheter des timbres à la poste et aussi dans un bureau de tabac.

○ *Je voudrais envoyer une lettre / un paquet.*

○ *Je voudrais un timbre pour l'Argentine, s'il vous plaît.*

○ *Je voudrais envoyer une lettre recommandée (avec accusé de réception).*

○ *Je viens retirer une lettre recommandée / un paquet.*

Pour retirer une lettre recommandée, un paquet, n'oubliez pas de vous munir de votre carte d'identité ou passeport.

→ **Pour de l'argent :**

○ *Je viens retirer des espèces au distributeur automatique.*

○ *J'aimerais envoyer un mandat.* [un mandat = un envoi d'argent]

CIRCULER EN VILLE

EN BUS OU EN MÉTRO

➤ *Acheter un billet, page 72*

→ **Vous pouvez demander :**

○ *Un ticket / carnet, s'il vous plaît.* [un carnet = 10 tickets]

○ *Pour aller à Pasteur, je prends quelle ligne ?*

○ *Vous pouvez me dire où se trouve l'arrêt du bus 95 / la station de métro la plus proche ?*

○ *Vous allez bien à Pasteur ?*

○ *Nous sommes à la gare St Charles ici ?*

→ **On peut vous dire :**

○ *Vous prenez la ligne 13, vous changez à Duroc et vous prenez la ligne 10.*

○ *Non, c'est le 95 qui va à Pasteur.*

○ *Non, la gare c'est la prochaine.*

EN TAXI

○ *120, quai de la Gare, s'il vous plaît !*

○ *C'est là.*

○ *C'est bien, arrêtez-vous ici !*

En France on reconnaît les taxis au voyant lumineux TAXI placé sur leur toit. Il est allumé si le taxi est libre. Si une des lumières A, B ou C, qui correspondent à des zones et des tarifs différents, est allumée, le taxi n'est pas libre.

Un nouveau système, se met en place : lumière verte = il est libre, lumière rouge = il est occupé. En général, les chauffeurs de taxi refusent qu'un client s'asseye à l'avant.

EN CAS D'URGENCE

EN CAS D'ACCIDENT

➤ Chez le médecin, page 188

➤ À l'hôpital - Aux urgences, page 189

En France, le numéro de téléphone
à composer en cas d'urgence est le 112.

Les autres numéros sont les suivants :
15 pour le Samu (secours médical),
17 pour Police Secours,
18 pour les pompiers.

En cas de maladie, vous pouvez appeler
au 3624 pour SOS médecins (appel payant)
ou bien un médecin de votre quartier.
Sinon, allez aux urgences de l'hôpital
le plus proche.

→ **Vous pouvez dire :**

o *Allô, police secours ? Je vous
téléphone pour vous signaler
un accident.*

o *Allô, il y a eu un accident
de voiture et il y a un blessé.
Est-ce que vous pouvez /
pourriez venir le plus vite
possible ?*

o *Un homme est tombé dans la rue
et je crois qu'il s'est cassé
une jambe.*

o *Mon voisin est très malade.
Vous pouvez venir le voir ?*

→ **On peut vous dire :**

o *Quelle est l'adresse exacte ?*

o *Quels sont les symptômes ?*

o *De quoi souffre-t-il exactement ?*

o *Une ambulance vient de partir,
elle arrivera dans moins de dix
minutes.*

EN CAS DE VOL

Si on vous a volé vos papiers, de l'argent
ou des objets précieux, allez au commissariat
de police ou à la gendarmerie pour porter
plainte.

Ne pas confondre policiers et gendarmes.
Leurs uniformes sont différents.
On a affaire aux policiers surtout dans
les villes et aux gendarmes principalement
dans les petites villes et à la campagne.

Dans les autres pays francophones d'Europe
et d'Amérique, à côté de la police fédérale,
il existe des structures décentralisées :
police locale en Belgique, provinciale
et municipale au Canada, cantonale
et locale en Suisse.

→ **Vous pouvez dire :**

o *Bonjour, je voudrais déclarer
le vol de mes papiers.*

o *Bonjour, on m'a volé
mon passeport / portefeuille.
Je viens pour porter plainte.*

→ **On peut vous dire :**

o *Vous avez une (autre) pièce
d'identité ?*

o *Veuillez me suivre, je vais
enregistrer votre plainte.*

o *On vous l'a volé
ou vous l'avez perdu ?*

o *Vous avez vu la personne
qui vous l'a volé ?*

o *Décrivez-moi votre agresseur !*

o *Ça s'est passé quand / où ?*

o *Comment ça s'est passé
exactement ?*

o *Voici le récépissé de votre
plainte. Signez en bas !*
[le récépissé = le reçu]

CONTRÔLE DE POLICE

En France, il est obligatoire d'avoir en permanence une pièce d'identité avec soi.

→ **En cas de contrôle d'identité, le policier peut vous dire :**

o *Police nationale, vous avez votre pièce d'identité / passeport / carte de séjour ?*

o *Votre permis de séjour est périmé.*

o *Veuillez nous suivre au poste !*

o *Tout est en règle, merci.*

→ **En voiture :**

o *Puis-je voir votre permis de conduire et votre carte grise ?*

o *Vos papiers, s'il vous plaît !*

o *Vous n'avez pas vu le feu ?*

o *Pourriez-vous souffler dans l'alcootest ?*

À LA FOURRIÈRE

Si vous vous garez à un emplacement interdit, il est possible que votre véhicule se retrouve à la fourrière. Vous devrez vous y rendre pour le récupérer et payer une amende.

o *Bonjour, je viens chercher ma voiture /moto.*

o *Voici la carte grise et mon passeport.*
[carte grise = papiers du véhicule]

o *Je peux régler la contravention / l'amende avec une carte (bleue) ?*

QUELQUES FORMULES AU CAS OÙ... :

o *Je voudrais téléphoner à mon ambassade.*

o *Je ne parlerai qu'en présence de mon avocat.*

CONVERSATIONS

> *Bonjour madame ? Mademoiselle ?*

Premiers pas
dans un pays francophone

🔊 **PISTE 2** <u>À UNE SOIRÉE</u>

ÉDOUARD   - Tiens, Patrick ! Bonsoir.

PATRICK   - Bonsoir, Édouard. Comment vas-tu ?

ÉDOUARD   - Bien, merci et toi ?

PATRICK   - Bien. Je te présente Évelyne, ma cousine de Saint-Flour.

ÉDOUARD   - Enchanté, madame. Comment allez-vous ?

ÉVELYNE   - Bien, et vous-même ?

ÉDOUARD   - Bien. C'est votre première visite à Strasbourg ?

ÉVELYNE   - Non, je suis déjà venue ici l'année dernière.

PATRICK   - J'aperçois Olga. Je vous laisse faire connaissance.

➤ Saluer, page 12

🔊 **PISTE 3** <u>AU BUREAU</u>

LE DIRECTEUR   - Ah ! Lambert, vous voilà. Je vous présente Mme Delaunay, qui arrive de notre succursale de Bangkok. M. Lambert, notre directeur financier.

M. LAMBERT   - Ravi de vous connaître, madame.

Mme DELAUNAY   - Enchantée, monsieur.

M. LAMBERT   - Vous avez fait bon voyage ?

Mme DELAUNAY   - Oui, merci. Mais c'était un peu long tout de même.

➤ Présenter quelqu'un, page 13

🔊 **PISTE 4** <u>SOIRÉE</u>

PHILIPPE   - Belle soirée, n'est-ce pas ?

CATHERINE   - Oui.

PHILIPPE   - C'est la première fois que vous venez ici, non ?

CATHERINE   - Non.

PHILIPPE   - C'est dommage que je ne vous aie jamais vue avant. Quel est votre prénom ?

CATHERINE   - Catherine.

PHILIPPE   - Moi, c'est Philippe. On peut se tutoyer ?

FRANÇOIS   - Regarde notre dragueur de service.

NATHALIE   - Eh, oui !

➤ Aborder quelqu'un, page 14
➤ Proposer de se tutoyer, page 14

🔊 PISTE 5 UN PEU D'AIDE

DANS LA RUE, UNE AUTOMOBILISTE DEVANT UN PNEU CREVÉ

MME GAUTHIER - Excusez-moi, monsieur. Pourriez-vous m'aider ?

LE 1ER PASSANT - Désolé, je n'ai pas le temps.

UN AUTRE PASSANT ARRIVE

MME GAUTHIER - Monsieur, s'il vous plaît ! Mon pneu est crevé...

LE 2^E PASSANT - Je suis pressé. Débrouillez-vous !

UN TROISIÈME PASSANT ARRIVE

LE 3^E PASSANT - Vous avez un problème ? Je peux vous donner un coup de main ?

MME GAUTHIER - Avec plaisir, monsieur. J'ai crevé.

LE 3^E PASSANT - Je vais vous changer le pneu.

MME GAUTHIER - C'est gentil de votre part.

QUELQUES MINUTES PLUS TARD

LE 3^E PASSANT - Et voilà. Ça y est !

MME GAUTHIER - Merci beaucoup, monsieur. Vous m'avez retiré une sacrée épine du pied.

LE 3^E PASSANT - Je vous en prie, madame. C'est tout naturel !

➤ Rendre service, page 15
➤ Remercier, page 16

🔊 PISTE 6 AVEC L'AIDE DE MES AMIS

SOLANGE - Dis, Fatou, tu pourrais me rendre un service ?

FATOUMATA - Ça dépend. Qu'est-ce que tu veux ?

SOLANGE - Tu peux me garder mes poissons rouges pendant les vacances ?

FATOUMATA - Tes poissons rouges ?

SOLANGE - Oui, il suffit de les nourrir une fois par jour.

FATOUMATA - Tu pars combien de temps ?

SOLANGE - Seulement une semaine.

FATOUMATA - Bon, je veux bien. Mais pas plus. Après je m'en vais aussi.

➤ Aide, page 15

🔊 **PISTE 7** AU GUICHET DE LA POSTE

MME RIVA	- Bonjour. Je voudrais envoyer un paquet en Suisse.
L'EMPLOYÉ	- Oui, en recommandé ?
MME RIVA	- Non, normal.
L'EMPLOYÉ	- Il faut remplir cette fiche pour la douane.
MME RIVA	- D'accord. Il arrivera dans combien de temps ?
L'EMPLOYÉ	- Une petite semaine.
MME RIVA	- Ah, bon ?... Ça fait combien ?
L'EMPLOYÉ	- 7,30 euros.
MME RIVA	- Voilà.
L'EMPLOYÉ	- Merci. Au revoir, madame.

➤ Aller à la poste, page 17

🔊 **PISTE 8** TAXI !

EDMOND	- Taxi ! Taxi !
MALIKA	- Mais non, ça ne sert à rien de l'appeler. Il n'est pas libre. Tu ne vois pas que le voyant jaune est allumé ?
EDMOND	- Ah, bon ! ... Taxi ! Taxi !
LE CHAUFFEUR	- Vous allez où ?
EDMOND	- Place de l'Opéra.
LE CHAUFFEUR	- Ah ! Désolé ! Ce n'est pas ma direction. Je rentre à Levallois.
EDMOND	- !!!
MALIKA	- Ça fait vingt minutes qu'on attend. J'en ai marre. On prend le métro ?
EDMOND	- Attends, en voilà un. Taxi ! Taxi !
...	
EDMOND	- Place de l'Opéra, s'il vous plaît.
LE 2^E^ CHAUFFEUR	- Oui, vous avez un itinéraire préféré ?
EDMOND	- Non, mais essayez de faire le plus vite possible. Nous sommes déjà en retard.
LE 2^E^ CHAUFFEUR	- Je ne vous promets rien. Il y a beaucoup d'embouteillages quand il pleut.

➤ En taxi, page 17

LE POLICIER	- Police française, bonjour. Contrôle d'identité.
LA TOURISTE	- Bonjour… ?
LE POLICIER	- Vos papiers s'il vous plaît !
LA TOURISTE	- …
LE POLICIER	- Vous savez que vous devez avoir votre passeport avec vous ?
LA TOURISTE	- Je ne parle pas français. Touriste japonaise.
LE POLICIER	- Votre passeport, passeport… *You speak english?*
LA TOURISTE	- *English? No, japonaise.*
LE POLICIER	- Tu parles japonais, toi ?
LE 2ᴱ POLICIER	- Tu crois que je serais un simple flic* si je parlais japonais ?
LE POLICIER	- Bon, ça va pour cette fois. Vous pouvez circuler.
LE 2ᴱ POLICIER	- Merci. Au revoir, madame.

* policier

➤ Contrôle de police, page 19

PREMIÈRES CONVERSATIONS

PREMIÈRES CONVERSATIONS

2

CONVERSATIONS p.40

2. Premières conversations

AU TÉLÉPHONE

Pour obtenir un numéro de téléphone en France à partir d'un nom ou d'une adresse, vous pouvez appeler les renseignements téléphoniques (service payant) ou bien consulter un annuaire gratuitement (papier ou Internet) : les Pages blanches pour les particuliers, les Pages jaunes pour les professionnels.

DEMANDER UN NUMÉRO DE TÉLÉPHONE

○ *Vous connaissez le numéro de téléphone de la mairie, s'il vous plaît ?*

○ *Vous avez le numéro de téléphone de Mme Dumont ?*

○ *Avez-vous le numéro de téléphone de l'ambassade du Chili ?*

○ *Pouvez-vous me donner le numéro de téléphone du docteur Aziz ?*

● *T'as le numéro de portable d'Inès ?*

● *Tu me passes le numéro de téléphone d'Ibrahim ?*

→ On peut vous répondre :

○ *Vous pouvez la joindre au …*

○ *Le numéro de téléphone de M. Darmon est le …*

○ *Son numéro de téléphone est le …*

○ *Le numéro de portable de Pierre est le …*

○ *Désolé(e), je ne l'ai pas.*

○ *Je regrette, je ne le connais pas.*

DEMANDER UN ABONNEMENT

La liste rouge est la liste des abonnés qui veulent garder secret leur numéro de téléphone (service payant).

○ *Je voudrais un abonnement de 5 heures d'appels, SMS, MMS illimités et Internet de 1Go, s'il vous plaît.*

○ *Je voudrais un forfait 4G / un forfait bloqué / une carte prépayée, s'il vous plaît.*

DEMANDER L'AUTORISATION DE TÉLÉPHONER

○ *Est-ce que je peux téléphoner (c'est un appel local) ?*

○ *Vous permettez que je téléphone / que j'utilise votre téléphone ?*

● *Je peux utiliser ton téléphone ?*

● *Tu me prêtes ton portable ?*

→ On peut vous répondre :

○ *Oui, bien sûr. Le voilà.*

○ *Je vous en prie.*

○ *Désolé(e), je n'ai plus de forfait.*

● *Tiens !*

ACHETER UNE CARTE DE TÉLÉPHONE

○ *Je voudrais une télécarte / carte téléphonique (de 50 unités), s'il vous plaît.*

○ *Une carte téléphonique prépayée, s'il vous plaît.*

→ On peut vous demander :

○ *(De) Combien d'unités ?*

○ *De quelle valeur ?*

○ *Pour combien de minutes ?*

TÉLÉPHONER

○ *Je passe un coup de fil.*
  [= Je téléphone.]

✱ *Il est pendu au téléphone / passe sa vie au téléphone.*
  [= Il téléphone très souvent et longtemps.]

AVANT DE PARLER À VOTRE CORRESPONDANT

→ Vous pouvez entendre un disque :

○ *Pour accéder au service, appuyez sur la touche étoile !*

○ *Vous avez demandé la police. Ne quittez pas !*

○ *Vous êtes bien au 03 72 01 24 38. Je ne suis pas là actuellement. Parlez après le bip. / Laissez-moi un message après le signal sonore.*

→ En cas de problème, vous pouvez entendre :

○ *Il n'y a pas d'abonné au numéro que vous avez demandé. Veuillez consulter l'annuaire.*

○ *Le numéro que vous demandez n'est pas attribué.*

○ *Nous regrettons de ne pouvoir donner suite à votre appel.*

○ *Par suite d'encombrement, votre demande ne peut aboutir. Veuillez renouveler votre appel.*

○ *Toutes les lignes de votre correspondant sont occupées. Veuillez rappeler ultérieurement.*

VOTRE CORRESPONDANT NE RÉPOND PAS

○ *Ça sonne occupé.*

○ *C'est son répondeur.*

○ *Ça ne répond pas.*

✱ *Ça sonne dans le vide.*
  [= Ça ne répond pas.]

● *Y a personne. [y a = il y a]*

VOTRE CORRESPONDANT RÉPOND

○ *Allô.*

○ *Allô, j'écoute.*

En France, un particulier n'a pas l'habitude de donner son nom en répondant au téléphone. C'est la personne qui appelle qui se présente la première.

→ Vous pouvez poursuivre :

○ *Bonjour, ici M. Didier, de la société Verdoux.*

○ *Allô, bonsoir, Jean Delacroix à l'appareil.*

● *Bonjour, c'est Maria.*

● *Allô ? C'est Irène.*

● *C'est moi !*

DEMANDER CONFIRMATION DU NUMÉRO

- C'est bien le 03 72 01 24 38 ?
- Je suis bien au 03 72 01 24 38 ?
- Je suis bien chez le docteur Vincent ?
- C'est toi, Nicolas ?

CONFIRMER

- Tout à fait.
- Oui, je vous écoute.
- Oui, c'est moi.
- Oui, c'est lui-même / elle-même.

→ En cas d'erreur, on peut vous dire :
- C'est un faux numéro.
- C'est une erreur.
- Vous vous trompez. / Vous vous êtes trompé(e) de numéro.
- Quel numéro demandez-vous ?
- Désolé(e), il n'y a personne de ce nom ici.

→ Vous pouvez répondre :
- Excusez-moi, je me suis trompé(e) de numéro.
- Je suis désolé(e), j'ai fait une erreur.

DEMANDER À PARLER À QUELQU'UN

- Est-ce que je pourrais parler à Évelyne ?
- Je voudrais parler à M. Sylvestre.
- Je voudrais le poste 546.
- Le service des réservations, s'il vous plaît.

- Pourriez-vous me passer la comptabilité ?
- Puis-je parler à monsieur le directeur ?
- Je peux parler à Antony ?

→ On peut vous répondre :
- Vous êtes Mme / M. ... ?
- Qui est à l'appareil ?
- C'est de la part de qui ?
- Ne quittez pas.
- Un moment, s'il vous plaît.
- Je vous la passe.
- Veuillez attendre un instant, je vais le chercher.
- Ne raccroche pas ! Elle arrive.

→ Si votre correspondant est en ligne, on peut vous dire :
- C'est occupé.
- Je regrette, il est en communication.
- Vous patientez ?
- Préférez-vous attendre quelques instants ou rappeler ?

→ Si votre correspondant est absent, on peut vous dire :
- Elle est absente.
- Il n'est pas là.
- Vous pouvez rappeler plus tard ?
- Voulez-vous lui laisser un message ?

→ Vous pouvez répondre :
- Je peux laisser un message ?
- Je rappellerai plus tard.
- Vous savez quand elle rentrera ?
- Pouvez-vous lui dire que j'ai appelé ?

DIRE L'OBJET DE L'APPEL

➤ Informations, page 15

○ *Je vous appelle pour avoir un renseignement.*

○ *C'est au sujet de l'annonce.*

○ *C'est pour une réservation.*

● *Je t'appelle pour avoir de tes nouvelles.*

→ Si vous avez un problème de compréhension, vous pouvez dire :

○ *La ligne est mauvaise.*

○ *Je vous entends très mal.*

○ *Je ne vous entends pas bien.*

○ *Pouvez-vous parler plus fort ?*

✖ *Il y a de la friture.* [= Il y a des bruits qui perturbent la communication.]

→ Lorsque vous rappelez après une communication interrompue, vous pouvez dire :

○ *Je ne sais pas ce qui s'est passé. Nous avons été coupés.*

○ *On a été coupé.*

INTERROMPRE UNE COMMUNICATION

○ *Je suis désolé(e), il faut que je raccroche.*

○ *Excusez-moi, je dois raccrocher.*

○ *Excusez-moi, on m'appelle sur une autre ligne.*

CONCLURE UNE COMMUNICATION

○ *Au revoir.*

○ *Merci d'avoir appelé.*

○ *Merci de votre appel.*

➤ Remercier, page 16

LES SORTIES

➤ Activités, page 51

PROPOSER UNE ACTIVITÉ

○ *Nous pourrions aller au cinéma.*

○ *Pourquoi ne pas aller au théâtre jeudi soir ?*

● *On va au ciné ?* [ciné = cinéma]

● *Si on allait boire un pot ?* [un pot = un verre]

● *Ça t'dirait d'aller en boîte ?* [boîte = boîte de nuit, discothèque]

● *T'as pas envie d'aller au resto ?* [resto = restaurant]

ACCEPTER

○ *D'accord.*

○ *Avec plaisir.*

○ *C'est très gentil de votre part.*

○ *Merci, c'est très aimable à vous.*

○ *Pourquoi pas ?*

○ *C'est une bonne idée !*

○ *(C'est) Entendu.*

● *Pas de problème.*

● *Ça marche !*

● *OK.*

● *Je veux bien.* [Attention, cette expression peut être plus ou moins enthousiaste. Elle dépend beaucoup de l'intonation qu'on y met.]

REFUSER

○ *Non, merci.*

○ *Je suis désolé(e), mais ce n'est pas possible.*

○ *Je regrette, je ne suis pas libre.*

○ C'est dommage, je ne peux pas.

○ C'est très gentil à vous,
  mais j'ai déjà quelque chose.

○ Ça serait avec plaisir,
  mais je ne suis pas libre.

○ Dommage, je ne peux pas ce soir.

○ Merci, mais je ne peux
  vraiment pas.

○ Samedi, ça ne m'arrange pas.

○ Malheureusement je ne peux pas.

● Je ne pourrai malheureusement
  pas me joindre à vous.

● Non, je n'ai pas envie.

● Tu plaisantes ! / Tu rigoles !

● Pas question !

REFUS ATTÉNUÉ

○ Cela me paraît difficile.

○ Pas maintenant, peut-être
  un autre jour ?

NE PAS CHOISIR

○ Ça m'est égal.

○ Peu importe.

● Je m'en fiche !

● Je m'en fous !

[Attention ces deux dernières expressions,
très employées, peuvent signifier que vous
n'êtes pas intéressé(e) et peuvent être mal
acceptées.]

DIFFÉRER SA RÉPONSE

○ Je ne sais pas, je vais réfléchir.

○ J'ai déjà quelque chose,
  mais je vais essayer de me libérer.

○ Je vous laisse un message.

○ Je vous envoie un e-mail.

○ Je ne sais pas si c'est possible,
  je vous confirme demain.

○ Je vous rappelle pour confirmer.

○ Je ne sais pas si c'est possible,
  je vous rappelle.

● Attends, je vais voir si je peux.

● Rappelle-moi ce soir !

● Je te le dis demain.

LES RENDEZ-VOUS

PROPOSER UN RENDEZ-VOUS

○ Est-ce que vous êtes / seriez libre
  samedi prochain ?

○ Qu'est-ce que vous faites ce soir ?

○ On peut se voir à midi ?

○ Vous faites quelque chose
  demain soir ?

● On se retrouve ce soir ?

● On se voit demain ?

● T'es libre ce week-end ?

PROPOSER UN RENDEZ-VOUS
PROFESSIONNEL

○ Je téléphone pour prendre
  rendez-vous.

○ Je voudrais prendre rendez-vous
  avec M. / Mme / Melle Costa.

○ Est-ce que je pourrai avoir
  un rendez-vous avec le docteur ?

○ Vous pouvez me donner
  un rendez-vous pour le mois
  prochain ?

● Est-ce que vous pourriez
  me recevoir ?

FIXER UN RENDEZ-VOUS

- À 8h00, cela vous convient ?
- On se retrouve
  devant le cinéma ?
- On se retrouve où /
  à quelle heure ?
- Quelle date vous conviendrait ?
- On se voit où et quand ?
- À 8h00, ça te va ?
- C'est parfait.
- (C'est) Entendu.
- Je prends note.
- C'est noté.
- Rendez-vous à Odéon à 8h00 !

➤ Accepter, page 31
➤ Refuser, page 31

SE DÉCOMMANDER

- Je suis désolé(e) mais je ne
  pourrai pas venir ce soir.
- Malheureusement, nous
  ne pourrons pas venir.
- Je ne vais pas pouvoir venir.
- Je vous appelle pour
  décommander mon rendez-vous.
- Je regrette, mais je dois reporter
  notre rendez-vous.
- Désolé(e), mais j'ai un contretemps.
- J'ai un empêchement
  de dernière minute.
- Ça ne marche pas
  pour demain soir.
- C'est foutu pour le restau.

DÉPLACER UN RENDEZ-VOUS

- Cela m'arrangerait
  si on reportait notre rendez-vous.

- Est-ce qu'il serait possible
  de reporter notre rendez-vous ?
- Est-ce qu'il est possible
  de changer la date ?
- Est-il possible de nous voir
  plus tôt / tard ?
- On peut se voir plus tard ?
  Ça m'arrange.
- On peut remettre ça
  à un autre jour ?

ARRIVER À UN RENDEZ-VOUS

- Bonjour, j'ai rendez-vous
  avec M. / Mme / Melle Lu.
- Je voudrais voir M. / Mme / Melle Lu.
- J'ai rendez-vous.
- ✱ Jacques m'a posé un lapin.
  [= Jacques n'est pas venu
  au rendez-vous.]
- ✱ Elle nous a fait faux bond.
  [= Elle n'est pas venue à notre
  rendez-vous.]
- Leila a un rencard.
  [= Leila a un rendez-vous.]

RECEVOIR QUELQU'UN

INVITER

➤ Proposer une activité, page 31

- Ça vous dit de venir à la maison
  demain soir ?
- Venez passer la soirée
  à la maison !
- Pourquoi ne viendriez-vous
  pas dîner à la maison ?
- Je t'invite à dîner. [Au restaurant,
  cela signifie que c'est vous qui payez.]

- *Tu viens à mon anniversaire ?*
- *Une bouffe chez moi, ça te dit ?*

Si, au Québec, pour une soirée entre amis, il est possible de demander à chacun d'apporter sa boisson (BYOB – Bring your own booze), cette pratique est inhabituelle en Europe.

ACCUEILLIR

- *Ça nous fait plaisir de vous voir / recevoir !*
- *Merci d'être venu(e).*
- *Vous avez trouvé facilement ?*
  [si c'est la première visite]
- *Il m'a reçu(e) à bras ouverts.*
  [= Il m'a très bien accueilli(e).]
- *Elle est arrivée comme un cheveu sur la soupe.* [= Elle est arrivée à un mauvais moment.]
- *Soyez la bienvenue !*
- *Ah, te voilà !*
- *Tiens, voilà le plus beau !*

→ Pour faire entrer quelqu'un :
- *Entrez ! / Entrez donc !*
- *Entrez, je vous en prie !*

→ Pour laisser quelqu'un entrer avant vous, vous pouvez dire :
- *Après vous !*
- *Je vous en prie !*
- *Après toi !*

→ Pour débarrasser un(e) invité(e) de ses vêtements, vous pouvez dire :
- *Donnez-moi votre manteau !*
- *Donne-moi ton blouson !*
- *Tu peux mettre ton imper dans la chambre.*
  [imper = imperméable]

OFFRIR UN CADEAU

➤ Événement spécifique, page 38

- *Tenez, c'est pour vous !*
- *Je vous ai apporté un petit cadeau / souvenir.*
- *J'ai pensé que cela vous ferait plaisir.*
- *J'espère que vous aimez les lilas.*
- *Je vous ai apporté des fleurs / des chocolats.*
- *Tiens, c'est pour toi !*
- *J'espère que tu vas aimer.*

→ Vous pouvez répondre :
- *C'est très gentil à vous !*
- *Merci, c'est très gentil.*
- *Oh ! Il ne fallait pas !*
- *Vous n'auriez pas dû !*
  [Ces deux dernières formules ne sont pas un reproche mais un remerciement.]
- *Super ! C'est sympa.*

INSTALLER

- *Asseyez-vous (je vous en prie) !*
- *Mettez-vous à l'aise !*
- *Fais comme chez toi !*
- *Ne reste pas planté là, assieds-toi !*

PROPOSER À BOIRE

- *Qu'est-ce que vous prenez (comme apéritif) ?*
- *Qu'est-ce que vous buvez ?*
- *Qu'est-ce que je vous offre (à boire) ?*
- *Qu'est-ce que je vous sers ?*
- *Tu prendras bien un apéro ?*
  [apéro = apéritif]

→ **Vous pouvez répondre :**
- *Qu'est-ce que vous avez ?*
- *Je prendrais bien un pastis.*
- *Je veux bien un doigt de porto.*
  [un doigt = une petite quantité d'alcool]

TRINQUER

- *Santé !*
- *À la vôtre !*
- *À votre santé !*
- *À la nôtre !*
- *À la tienne !*
- *Tchin tchin !*

→ **Dans un contexte formel (réception, banquet), vous pouvez dire :**
- *Je lève mon verre à la santé de tous les participants.*
- *Portons un toast à notre succès.*

PASSER À TABLE

- *Nous pouvons passer à table !*
- *On va manger !*
- *À table !*

[Pour répondre, contentez-vous d'un hochement de tête.]

PLACER À TABLE

- *Voulez-vous vous mettre ici ?*
- *Paul, tu es à côté de Virginie.*

→ **Si la personne qui vous a invité(e) ne dit rien, vous pouvez demander :**
- *Où est-ce que je me mets ?*
- *Je peux m'asseoir ici ?*
- *Je me mets où ?*

SOUHAITER UN BON APPÉTIT

- *Bon appétit !*
- *Bon app' !*

→ **Vous pouvez répondre :**
- *Vous aussi.*
- *Toi aussi.*
- *J'ai très faim.*
- *Ah ! Je meurs de faim / J'ai la dalle.*

DEMANDER QUELQUE CHOSE

- *Pourrais-je avoir de l'eau, s'il vous plaît ?*
- *Je peux avoir le sel, s'il vous plaît ?*
- *Tu peux me passer le pain, s'il te plaît ?*
- *Tu me passes le poivre, s'il te plaît ?*

À noter que, au Québec même en cas de tutoiement, on dit très souvent **s'il vous plaît.**

PROPOSER QUELQUE CHOSE

- *Vous reprendrez bien de la salade ?*
- *Vous prendrez un café ?*
- *Qui veut un café ?*
- *Servez-vous !*
- *Vraiment ? Tu n'en veux plus ?*

→ **Vous pouvez répondre :**
- *Avec plaisir.*
- *Volontiers.*
- *Merci, c'est vraiment délicieux.*
- *Oui, merci.*

o *Non merci.*

o *Non merci, j'ai déjà trop mangé.*

● *Non vraiment, sans façon.*

[Merci utilisé seul est ambigu, l'intonation ne suffit pas toujours, il est bien souvent nécessaire de préciser oui, merci ou non merci.]

PRENDRE CONGÉ

DÉPART

➤ Saluer, page 12

o *Je vais vous laisser.*

o *Oh ! Il commence à se faire tard, il va falloir que je parte.*

o *Je vous prie de m'excuser mais je dois partir.*

✖ *Il a filé à l'anglaise / en douce.*
[= Il est parti discrètement sans prendre congé.]

✖ *Elle est parti(e) en claquant la porte [= Elle est partie furieuse.]*

● *Il faut que j'y aille.*

● *Bon, ben je vous laisse.*

● *Salut, je file.*

● *Il faut que je me sauve.*

REMERCIEMENTS

➤ Remercier, page 16

o *Nous avons passé une très bonne soirée.*

o *Je vous remercie, j'ai passé une soirée très agréable.*

o *C'était une très belle soirée.*

o *C'était très bon, merci.*

● *C'était génial.*

● *C'était très sympa.*

➤Appréciation positive, page 87

→ **Vous pouvez répondre :**

o *Merci d'être venu(e).*

o *Le plaisir était pour moi.*

o *J'étais content(e) que vous soyez là.*

● *C'était super que tu sois là.*

Il est de bon ton de téléphoner ou d'envoyer un petit mot / e-mail pour remercier vos hôtes le lendemain de l'invitation.

LE TEMPS QUI PASSE ET LE TEMPS QU'IL FAIT

L'HEURE

DEMANDER L'HEURE

o *Quelle heure est-il, s'il vous plaît ?*

o *Excusez-moi, vous avez l'heure, s'il vous plaît ?*

o *Pouvez-vous me dire l'heure, s'il vous plaît ?*

o *Il est quelle heure ?*

● *T'as l'heure, s'il te plaît ?*

DIRE L'HEURE

o *Il est presque midi.*

o *Il est dix heures pile.*

o *8h00 : Il est huit heures (du matin).*

o *20h00 : Il est vingt heures / huit heures (du soir).*

o *9h25 : Il est neuf heures vingt-cinq.*

o *10h15 : Il est dix heures et quart.*

o *11h50 : Il est midi moins dix / onze heures cinquante.*

À partir de 12h00, on utilise **et quart**, **et demi(e)** et **moins le quart** uniquement avec les chiffres indiquant l'heure de 1 à 11, et avec midi et minuit.

○ 12h30 : Il est douze heures trente / midi et demi.

○ 13h30 : Il est treize heures trente / une heure et demie.

○ 23h45 : Il est vingt-trois heures quarante-cinq / minuit moins le quart.

PARLER DE LA PONCTUALITÉ

○ Elle est en avance / en retard / à l'heure.

○ Il est pile à l'heure.

✱ Il a eu une panne d'oreiller. [= Il a trop dormi et est arrivé en retard.]

✱ Elle est réglée comme une montre suisse. [= Elle est toujours à l'heure.]

✱ Il est à la bourre. [= Il est en retard.]

LE JOUR DE LA SEMAINE

○ Quel jour sommes-nous ?

○ Nous sommes quel jour ?

○ On est quel jour ?

→ Vous pouvez répondre :

○ Nous sommes lundi.

○ On est jeudi.

LA DATE

○ Quelle est la date d'aujourd'hui ?

○ On est le combien ?

→ Vous pouvez répondre :

○ Nous sommes le 25 (novembre).

○ On est le 19.

LA MÉTÉO

○ Quel temps fait-il ?

○ Que dit la météo ?

○ Quelles sont les prévisions de la météo ?

● T'as vu la météo ?

→ Vous pouvez répondre :

○ Il fait beau / mauvais / chaud / froid.

○ Il y a une averse / un orage / de la tempête / du soleil.

○ Le ciel est bleu / gris.

○ Il va pleuvoir / neiger.

○ Il fait 28 ˚C. [vingt-huit degrés]

○ Il fait −4˚C. [moins quatre]

○ On va avoir du beau temps.

✱ Il fait un temps de chien / de cochon. [= Il fait mauvais, il pleut.]

✱ Il fait un froid de canard. [= Il fait très froid.]

CONVERSATIONS DE CIRCONSTANCES

En France, il est fréquent, de parler de tout et de rien, de choses diverses et souvent futiles pour combler le silence, tel que la météo.

✱ Nous avons parlé de la pluie et du beau temps. [= Nous avons parlé de tout et de rien.]

→ Vous pouvez dire :

○ Il fait froid aujourd'hui. Vous pensez qu'il va neiger ?

○ Il fait une de ces chaleurs en ce moment. Vous ne trouvez pas ?

○ Vous pensez qu'il va faire très chaud ce week-end ?

2

SOUHAITER QUELQUE CHOSE À QUELQU'UN

AU QUOTIDIEN

À QUELQU'UN QUI SORT LE SOIR

- Bonne soirée !
- Bon spectacle !
- Amuse-toi bien !

À QUELQU'UN QUI TRAVAILLE OU ÉTUDIE

- Bon courage !
- Travaille bien !

À QUELQU'UN QUI EST MALADE

- Reposez-vous bien !
- Bon rétablissement !
- Soigne-toi bien !

À QUELQU'UN QUI RENTRE CHEZ LUI

- Bon retour !
- Rentre bien.

À QUELQU'UN QUI PART EN VOYAGE

- Bon voyage !
- Bonnes vacances !

À QUELQU'UN QUI ÉTERNUE

- À vos souhaits !
- À tes souhaits !

[Dans une situation un peu formelle, il est préférable de ne rien dire.]

ÉVÉNEMENTS SPÉCIFIQUES

LORS D'UN MARIAGE

- Tous mes / nos vœux de bonheur !
- Mariage pluvieux, mariage heureux ! *[expression de consolation pour les mariages un jour de pluie.]*

LORS D'UN DÉCÈS

- Toutes mes condoléances.
- Je partage votre peine.
- Je vous assure de toute ma sympathie.
- Je vous présente mes sincères condoléances.
- J'ai été profondément touché(e) par le décès de votre ...
- J'ai beaucoup de peine pour toi.

LORS D'UNE FÊTE

- Bon anniversaire !
- Je te souhaite un joyeux anniversaire.
- Joyeux Noël !
- Joyeuses fêtes !
- Je vous souhaite un joyeux Noël.
- Bonne année ! Bonne santé !
- Santé, bonheur et prospérité !
- Joyeuses Pâques !
- Ça se fête !
- Bonne fête !
- Il faut arroser ça.
  [= Il faut boire un verre pour fêter ça.]

En France, on souhaite bonne fête le jour de la fête du saint dont la personne porte le prénom.

SOUHAITER BONNE CHANCE

Il est d'usage en France de souhaiter bonne chance avant un événement important tel qu'un examen, un entretien d'embauche...

- *Bonne chance !*
- *Tous mes vœux de réussite !*
- *Merde !*

[Merde ! n'est pas trop grossier, c'est simplement familier, mais ne le dites pas trop fort ! Et si on vous le dit, ne dites pas Merci !, c'est la tradition.]

FÉLICITATIONS

En France, il est d'usage de féliciter lors d'une naissance, d'un mariage, d'une réussite à un examen, d'une promotion, d'une embauche...

- *Félicitations !*
- *Toutes mes félicitations !*
- *Je suis content(e) pour vous !*
- *Bravo !*
- *Chapeau !* *[= Bravo !]*

2

Premières conversations

J'espère que vous aimez les lilas.

🔊 **PISTE 10** ERREUR

M. MOREAU	- Allô, Nouveaux Horizons ?
Mᵐᵉ ALLAIN	- Ah non, monsieur, c'est une erreur.
M. MOREAU	- Vous n'êtes pas Nouveaux Horizons ?
Mᵐᵉ ALLAIN	- Non, monsieur. Quel numéro demandez-vous ?
M. MOREAU	- Le 05 77 34 72 00.
Mᵐᵉ ALLAIN	- Ah ! Vous avez fait un faux numéro. Ici, c'est le 05 67.
M. MOREAU	- Ah, merci. Excusez-moi, madame.
Mᵐᵉ ALLAIN	- Ce n'est rien, au revoir, monsieur.

➤ Téléphoner, page 29

🔊 **PISTE 11** DISQUE

UN DISQUE	- Nouveaux Horizons, bonjour.
M. MOREAU	- Allô, bonjour madame. C'est pour une réservation.
UN DISQUE	- Tapez sur la touche étoile.
Mᵐᵉ MOREAU	- Alors ? C'est le bon numéro, cette fois ?
M. MOREAU	- Oui, mais c'est un disque. Chut, je n'ai rien entendu.
UN DISQUE	- Nouveaux Horizons, bonjour.
M. MOREAU	- ...
Mᵐᵉ MOREAU	- Écoute, je vais passer à leur agence demain matin. Il y en a une juste à côté d'ici.

➤ Téléphoner, page 29

LA STANDARDISTE	- Robot & Frères, j'écoute.
M. NOËL	- Bonjour, je voudrais le poste 527, s'il vous plaît.
LA STANDARDISTE	- Un moment, s'il vous plaît.
...	
LA STANDARDISTE	- Je suis désolée, ça ne répond pas. Voulez-vous rappeler plus tard ?
M. NOËL	- Oui, d'accord. Vers quelle heure ?
LA STANDARDISTE	- Dans une demi-heure.
M. NOËL	- Entendu. Merci.
LA STANDARDISTE	- Au revoir, monsieur.

UNE DEMI-HEURE PLUS TARD

LA STANDARDISTE	- Robot & Frères, bonjour.
M. NOËL	- Bonjour, je voudrais le poste 527, s'il vous plaît.
LA STANDARDISTE	- Oui, monsieur.
LA SECRÉTAIRE	- Allô ?
M. NOËL	- Allô, bonjour. Je voudrais parler à Mme Bourdelle.
LA SECRÉTAIRE	- C'est de la part de qui ?
M. NOËL	- M. Noël.
LA SECRÉTAIRE	- Mme Bourdelle est en ligne. Vous patientez ?
M. NOËL	- Euh... non. Je peux lui laisser un message ?
LA SECRÉTAIRE	- Oui, bien sûr.
M. NOËL	- Dites que M. Noël a téléphoné et qu'elle peut me rappeler à mon bureau aujourd'hui ou demain. Elle a mon numéro.
LA SECRÉTAIRE	- Entendu. C'est noté.
M. NOËL	- Merci, madame. Au revoir.
LA SECRÉTAIRE	- Au revoir, monsieur.

➤ Demander à parler à quelqu'un, page 30

🔊 **PISTE 13** <u>INVITATION REFUSÉE</u>

DANIEL	- Si on allait à la piscine ?
SYLVIE	- Tous les deux ?
DANIEL	- Oui.
SYLVIE	- Ça ne me dit pas grand-chose.
DANIEL	- Tu n'as pas envie d'aller faire un tour, alors ?
SYLVIE	- Écoute, j'ai beaucoup de boulot en ce moment. On verra après les exams*.

➤ Refuser, page 31

* examens

LA COIFFEUSE	- Espace Coiffure, bonjour.
MME LADURIE	- Bonjour, mademoiselle. Ici Mme Ladurie. Je voudrais prendre rendez-vous pour mercredi.
LA COIFFEUSE	- Oui, madame. Qui est votre coiffeur ?
MME LADURIE	- C'est Jean-Pierre.
LA COIFFEUSE	- 10 h, cela vous convient-il ?
MME LADURIE	- Je préférerais un peu plus tard.
LA COIFFEUSE	- 11 h 30 ?
MME LADURIE	- C'est parfait.
LA COIFFEUSE	- Vous pouvez me rappeler votre nom ?
MME LADURIE	- Mme Ladurie.
LA COIFFEUSE	- Bien. Mme Ladurie, mercredi, 11 h 30. C'est noté. Au revoir, madame. À mercredi.
MME LADURIE	- Au revoir, mademoiselle.

➤ Proposer un rendez-vous professionnel, page 32

🔊 **PISTE 15** REPORT

LA SECRÉTAIRE	- Cabinet médical.
M. MONTMOLLIN	- Bonjour, madame. Ici M. Montmollin.
LA SECRÉTAIRE	- Bonjour, monsieur.
M. MONTMOLLIN	- J'avais rendez-vous avec le docteur Comparat à 17 h et je souhaiterais le reporter à demain. C'est possible ?
LA SECRÉTAIRE	- Demain à la même heure ?
M. MONTMOLLIN	- Oui.
LA SECRÉTAIRE	- C'est d'accord, monsieur.
M. MONTMOLLIN	- Merci beaucoup, au revoir, madame.
LA SECRÉTAIRE	- Au revoir, monsieur. À demain.

➤ Déplacer un rendez-vous, page 33

2

SIMON	- Tu es sûre que c'est ici ?
NATHALIE	- Mais oui, regarde, c'est le 36. Sonne !
JULIE	- Éric, on sonne. Tu peux aller ouvrir ?
ÉRIC	- J'y vais.
ÉRIC	- Ah, c'est vous ! Bonsoir.
NATHALIE	- Bonsoir. Excuse-nous pour le retard, on a eu un mal fou à se garer.
ÉRIC	- Pas de problème.
ÉRIC	- Entrez donc.
SIMON	- Tiens, c'est pour vous.
ÉRIC	- C'est très gentil, merci. Julie, regarde le beau bouquet qu'ils nous ont apporté.
JULIE	- Oh! Elles sont magnifiques. Vous avez fait des folies. Il ne fallait pas.
ÉRIC	- Asseyez-vous. Qu'est-ce que vous buvez ?
SIMON	- Qu'est-ce que tu as ?
ÉRIC	- Du kir ou du jus d'ananas. Nathalie, qu'est-ce que tu prends ?
NATHALIE	- Pour moi, un jus d'ananas.
SIMON	- Moi aussi.

UN PEU PLUS TARD

JULIE	- Le dîner est prêt. À table !
SIMON	- Je me mets où ?
JULIE	- Toi ici, à côté de moi et Nathalie, à ma droite.
NATHALIE	- C'est magnifique ! Qu'est-ce que c'est ?
JULIE	- Une terrine de saumon. J'espère que vous aimerez.
ÉRIC	- Bon appétit !

EN FIN DE SOIRÉE

SIMON	- Il se fait tard. Il va falloir qu'on y aille. On travaille tôt demain.
ÉRIC	- Vraiment ? Vous ne voulez pas un dernier verre ?
SIMON	- Non, merci. Je conduis.
NATHALIE	- Au revoir. Le dîner était vraiment délicieux.
JULIE	- Merci. Au revoir, bon retour.
SIMON	- Au revoir. On s'appelle, hein ?
ÉRIC	- Oui. Bonne route !

➤ Inviter, page 33

JACQUES	- Oh, Pierre ! J'ai appris la disparition de votre père. Toutes mes condoléances.
PIERRE	- Merci, Jacques.
JACQUES	- C'était un homme charmant. Nous le regretterons tous. J'ai beaucoup de peine pour vous.
PIERRE	- Oui, c'est une grande perte.
JACQUES	- Et c'est arrivé comment ?
PIERRE	- Il a eu une attaque pendant la nuit.
JACQUES	- J'espère qu'il n'a pas souffert.
PIERRE	- Le docteur a dit que non.
JACQUES	- C'est triste à son âge. Il était encore jeune, non ?
PIERRE	- Il venait d'avoir 70 ans.
JACQUES	- En tout cas, si je peux vous être utile, n'hésitez pas à me faire signe !
PIERRE	- D'accord, merci.

➤ Lors d'un décès, page 38

3

DESCRIPTIONS

Quel est le poids de ce meuble ?

TENUE CORRECTE EXIGÉE

Je vais à la piscine.

DESCRIPTIONS

3

CONVERSATIONS p.58

3. Descriptions

DÉCRIRE UNE PERSONNE

➤ À propos des personnes, page 90

INFORMATIONS GÉNÉRALES

NOM

○ *Quel est son nom ?*

○ *Qui est-ce ?*

○ *C'est monsieur Dupont ?*

● *C'est qui ?*

● *Qui c'est ?*

○ *Elle s'appelle Olga.*

○ *C'est Robert / Christine.*

● *Il se nomme Ivan Simon.*

ÂGE

○ *Quel âge a-t-il ?*

○ *Elle a quel âge ?*

● *Ça lui fait quel âge ?*

○ *Il a 30 ans.*

→ **Pour évaluer l'âge de quelqu'un, vous pouvez dire :**

○ *Il a la quarantaine.*

○ *Elle a une trentaine d'années.*

○ *Elle a un certain âge.*

○ *Il est jeune / vieux / âgé.*

○ *Elle est jeune / vieille / âgée.*

○ *C'est un enfant.*

○ *C'est un petit garçon / une petite fille.*

○ *C'est un(e) adolescent(e) / un(e) ado.*

○ *C'est un(e) jeune.*

○ *C'est un jeune homme / une jeune femme.*

○ *C'est un(e) adulte.*

○ *C'est une personne âgée / un senior.*

Pour être poli(e), utilisez l'adjectif **âgé(e)**, plutôt que **vieux / vieille** car ce dernier a une connotation péjorative.

ORIGINE

○ *Quelle est sa nationalité ?*

○ *Quelle est sa ville / sa région d'origine ?*

○ *Il vient de quel pays / de quelle région / de quelle ville ?*

○ *Elle vient d'où ?*

○ *Il est français / étranger / alsacien.*

○ *Elle est étrangère / normande.*

○ *Il vient de Pologne / du Portugal.*

○ *Sa mère est bretonne et son père tunisien.*

LIEU D'HABITATION

➤ Parler d'un lieu, page 55

➤ Le logement, page 180

○ *Quelle est son adresse ?*

○ *Où est-ce qu'il habite ?*

- *Vous pouvez me donner ses coordonnées ?*
- *Elle habite où ?*
- *À quel étage ?*
- *Il habite à Paris, dans le VIIIe / en banlieue.* [VIIIe = huitième arrondissement.]
- *Elle vit à la campagne / à la mer / à la montagne / en Normandie / dans les Alpes / sur la Côte d'Azur.*
- *Il habite dans une maison / un pavillon (de banlieue) / une villa (au bord de la mer) / un appartement / un studio.*
- *C'est au troisième étage, deuxième porte à droite en sortant de l'ascenseur.*
- *Le code de la porte / grille est le 1968B.*

SITUATION FAMILIALE

- *Il est marié et a deux enfants.*
- *Il est célibataire / divorcé / veuf.*
- *Elle est célibataire / divorcée / veuve.*
- *Il / Elle a un(e) petit(e) ami(e) / un copain / une copine.*
- *Elle vit avec Claude.*
- *Ils vivent ensemble.*

PROFESSION

- *Qu'est-ce que vous faites (dans la vie) ?*
- *Vous travaillez où ?*
- *Tu bosses dans quelle boîte ?* [= Tu travailles dans quelle entreprise ?]

- *Je travaille au lycée français.*
- *Je suis dans l'informatique.*
- *Je travaille chez Renault.*
- *Je suis architecte / médecin …*

> Attention, contrairement à d'autres pays francophones, en France, certains noms de profession n'ont pas encore de féminin : on dit **une avocate** mais **une femme médecin.**

3

- *Je travaille 40 heures / 35 heures par semaine.*
- *Elle travaille de nuit.*
- *Il fait les 3/8 en usine.* [les 3/8 = trois équipes de travail qui se succèdent en 24 heures]
- *Elle fait des remplacements.*

ASPECT D'UNE PERSONNE

ASPECT GÉNÉRAL

- *Comment est-il ?*
- *Elle est comment ?*
- *C'est quelqu'un de drôle.*
- *Il a une expression souriante / triste / sérieuse / mélancolique …*
- *Cet homme / Cette femme a un air bizarre.*
- *Elle a de drôles de manières.* [Placé devant un nom, **drôle** a le sens de **bizarre.**]
- *Il a une drôle d'allure.*

PREMIÈRE IMPRESSION

- *Vous le trouvez comment ?*
- *Quelle est votre première impression ?*
- *Il paraît sérieux.*

- *Elle a l'air / semble sympathique.*
- *Il donne l'impression d'être distrait.*
- *Elle fait bonne / mauvaise impression.*
- *C'est une personne qui a beaucoup de qualités.*
- *Il se comporte en dictateur.*
- *Elle fait comme si elle était la chef.*
- *Quel drôle de type !* [= C'est un homme étrange.]
- *Elle a la tête sur les épaules.* [= Elle est lucide et raisonnable.]
- *C'est un homme / une femme comme il faut.* [= C'est un homme / une femme bien, selon des critères conservateurs.]
- *C'est un mec / une nana super.*

ASPECT PHYSIQUE

TAILLE ET CORPULENCE

- *Quelle est sa taille ?*
- *Il mesure combien ?*
- *Elle est de taille moyenne / de petite taille.*
- *Il est grand / petit.*
- *Elle mesure 1,80 m.* [un mètre quatre-vingts]
- *Il est maigre / mince / corpulent / gros.* [Pour éviter le mot gros(se), vous pouvez dire fort(e) ou bien en chair.]
- *Elle est maigre comme un clou.* [= Elle est très maigre.]
- *Il est haut comme trois pommes.* [= Il est petit.]

→ Dans un magasin, on peut vous demander :
- *Quelle est votre taille ?*
- *Quelle taille faites-vous ?* [pour les vêtements]
- *Quelle est votre pointure ?* [pour les chaussures]

→ Vous pouvez répondre :
- *Je fais du 42.*
- *Je fais / chausse du 38.*

CHEVEUX

- *Il est blond ou brun ?*
- *Elle a les cheveux courts ou longs ?*
- *Il a les cheveux longs / courts / mi-longs.*
- *Ses cheveux sont blonds / bruns / roux / blancs / noirs / gris / frisés / raides / souples.*
- *Elle est blonde, brune.*
- *Il est chauve.*

BARBE ET MOUSTACHE

- *Il porte / Il a une barbe / une moustache.*
- *Il est barbu / moustachu.*

YEUX

- *Elle a les yeux de quelle couleur ?*
- *Il a les yeux bleus / verts / gris / marron / noirs.*
- *Elle porte des lunettes / des verres de contact / des lentilles.*

HABILLEMENT

○ Il était habillé comment ?

○ Je dois m'habiller comment ?

○ Qu'est-ce que vous allez mettre pour la soirée ?

○ Qu'est-ce que je dois porter ?

○ Il porte une tenue sport / une veste et un pantalon ...

○ Elle a / porte un tailleur / une robe / une jupe ...

○ Il a mis un gros pull.

○ Ils sont en costume.

○ Je n'ai rien à me mettre.
[= J'ai besoin d'acheter des vêtements.]

○ Tenue correcte exigée.

○ Tenue de soirée.

[Ces deux expressions sont utilisées pour faire référence au type de vêtements nécessaires pour une soirée ou une cérémonie.]

✳ Tu t'es mis(e) sur ton 31 !
[= Tu t'es très bien habillé(e).]

✳ Il portait des vêtements usés jusqu'à la corde. [= Ses vêtements étaient vraiment usés.]

CARACTÈRE

○ Quel est son caractère ?

○ Il a quel caractère ?

○ Elle est drôle / égoïste / sympa / timide ...

○ Il parle peu / beaucoup.

○ Elle a un complexe d'infériorité / de supériorité.

✳ Il a du cœur / un grand cœur / le cœur sur la main.
[= Il est généreux.]

✳ Elle a un caractère en or.
[= Elle a beaucoup de qualités.]

✳ Il a un sale caractère / un caractère de cochon.
[= Il a un caractère difficile.]

✳ C'est une langue de vipère / Elle est mauvaise langue.
[= Elle dit du mal des autres.]

ACTIVITÉS

OCCUPATIONS

○ Qu'est-ce que vous faites pendant le weekend ?

○ Vous faites quoi pendant les vacances ?

○ Quels sont vos passe-temps favoris ?

○ Je me repose / je lis.

○ Je vais à la piscine / au cinéma.

○ Je fais du sport / du shopping.

HABITUDES

○ J'ai l'habitude de me promener en fin de journée.

○ D'habitude, je me lève à 7 heures.

○ Il vient toujours ici par habitude.

○ Comme d'habitude / toujours, je prends un café après le déjeuner.

FRÉQUENCE

○ Vous y allez combien de fois par jour / semaine / mois / an ?

○ Vous en achetez souvent / fréquemment ?

- *Vous n'en prenez jamais ?*
- *J'en mange deux fois par semaine.*
- *Je n'y vais jamais.*
- *J'en bois (très) rarement / occasionnellement.*
- *Je vais parfois / quelquefois au cinéma.*
- *Je vais (très) souvent au musée.*
- *Je lis toujours un peu avant de me coucher.*
- *Je lis le journal tous les jours.*

AUTRES INFORMATIONS

LOISIRS

> À propos des choses, page 86

- *Elle fait du sport ?*
- *Quels sont vos loisirs / passe-temps ?*
- *Qu'est-ce que vous faites pendant votre temps libre ?*
- *Vous faites quoi comme sport ?*
- *Il fait de l'équitation / de la natation.*
- *Elle joue au golf / au tennis.*
- *Il joue du piano / de la guitare.*
- *Elle collectionne les bouchons de champagne.*

IDÉES POLITIQUES

- *Quelles sont ses idées politiques ?*
- *Il est de quel bord ?*
- *Vous avez voté pour qui ?*

- *Elle est de droite / de gauche / centriste / d'extrême droite / d'extrême gauche.*
- *Il est conservateur / libéral / écologiste / socialiste.*
- *Elle vote à droite / à gauche.*
- *Il a voté pour Martin à la dernière présidentielle.*
- *Elle est au PS / au Parti démocrate.*

CAPACITÉ

- *Il est capable de marcher pendant des heures.*
- *Elle conduit très bien.*
- *Il est doué pour les langues.*
- *Elle a le sens des affaires.*
- *Il s'y connaît en informatique.*
- ✳ *Elle a la bosse des maths.*
  [= *Elle est douée en mathématiques.*]
- ✳ *Il a la main verte.*
  [= *Il sait bien s'occuper des plantes.*]

INCAPACITÉ

- *Elle ne sait pas (bien) nager.*
- *Il ne sait pas (du tout) conduire.*
- *Elle n'y connaît rien.*
- *Il n'est pas (très) doué.*
- *Elle n'en est pas capable.*
- *Il est incapable de le faire.*
- *Elle est nulle en français.*
- *Il cuisine très mal.*
- ✳ *Il danse comme un pied.*
  [= *Il danse mal.*]
- ✳ *Elle s'y prend comme un manche.* [= *Elle est maladroite.*]

ÉTAT PHYSIQUE ET SANTÉ

➤ Demander des nouvelles, page 13

SI VOUS ALLEZ BIEN

- *Je suis en (pleine) forme.*
- *Je vais très bien.*
- ✱ *Il se porte comme un charme.*
  [= Il est en très bonne santé.]
- ✱ *Il a bonne mine.*
  [= Il paraît en bonne santé.]
- ✱ *J'ai la pêche.*
  [= Je suis en pleine forme.]

SI VOUS ALLEZ MAL

➤ Chez le médecin / À la pharmacie, page 188
➤ À l'hôpital - Aux urgences, page 189

- *Ça ne va pas.*
- *Je ne vais pas bien. /*
  Je ne me sens pas bien.
- *Je suis fatigué(e).*
- *Je me sens mal.*
- *Il est souffrant. [Attention, signifie*
  simplement qu'il est malade.]
- *J'ai mal à la gorge / à la tête /*
  au dos / au ventre / aux dents.
- *J'ai attrapé un rhume. /*
  J'ai pris froid.
- *Je n'ai pas d'appétit.*
- ✱ *Elle a mauvaise mine.*
  [= Elle paraît en mauvaise santé.]
- ✱ *J'ai mal au cœur.*
  [= J'ai envie de vomir.]
- ✱ *J'ai un coup de barre.*
  [= Je suis fatigué(e).]
- ✱ *J'ai la gueule de bois. [= J'ai mal*
  à la tête, car j'ai bu trop d'alcool hier.]
- ✱ *J'ai la crève. [= J'ai un gros rhume.]*

➤ Se plaindre, page 106

→ Après guérison :
- *Ça va mieux.*
- *Je me sens (beaucoup) mieux.*
- *Je vais (beaucoup) mieux.*

PRENDRE / DONNER DES NOUVELLES

- *Comment ça va ?*
- *Comment va-t-il ?*
- *Elle s'est rétabli(e) ?*
- *Tu vas mieux ?*
- *J'ai 39 de fièvre.*
- *Il a de la fièvre.*
- *J'ai eu un accident.*
- *Je me suis cassé un bras.*
- *Il va mieux, mais il souffre*
  encore.
- *Elle est grièvement / légèrement*
  blessée.
- *Il est dans un état grave.*
- *Je suis en congé maladie.*

ÊTRE AU RÉGIME

- *Je suis à la diète.*
- *Elle est au régime.*
- *Il fait / suit un régime.*

ATTENDRE UN BÉBÉ

- *Je suis enceinte de trois mois.*
- *Je vais accoucher dans un mois.*
- *Sa grossesse se passe bien.*
- *Elle attend un bébé / un garçon /*
  une fille / des jumeaux.
- *Paul et Léa vont avoir un bébé.*
- ✱ *Elle est en cloque. [= Elle est enceinte.]*

3

DÉCRIRE UN OBJET

DÉSIGNATION

→ Quand vous indiquez un objet, un vêtement par exemple, dans un magasin, vous pouvez dire :

- Celui de gauche / de droite.
- Celle d'en haut / d'en bas.
- Celle de devant / de derrière.
- Celui qui est dans la vitrine.
- Le vert. / La rouge.
- Le petit. / La grande.
- Le plus foncé. / Le plus clair.
- Le premier. / La deuxième.
- La dernière en partant de la droite.
- Un comme ça.
- Un plus gros que celui-ci.

→ Si vous ignorez le nom d'un objet, vous pouvez dire :

- Cela / Ça.
- Ce truc / machin / bidule.

DÉFINITION

- Qu'est-ce que c'est ?
- Comment peut-on le définir ?
- C'est quoi ?
- C'est un livre électronique.
- Ce sont des instruments de musique.
- C'est comme un logiciel.
- C'est une espèce / une sorte / un genre de pince.
- C'est un type de test.

UTILITÉ

- À quoi ça sert ?
- Ça sert à quoi ?
- C'est pour faire quoi ?
- C'est fait pour faciliter le travail.
- Ça sert à enlever les mauvaises herbes.
- On l'utilise pour sécuriser le courrier électronique.
- On s'en sert pour ouvrir les huîtres.
- C'est utile pour la cuisine.
- C'est pratique pour ranger les papiers.

ASPECT

DIMENSIONS

- Quelle est sa taille / longueur / largeur / hauteur / profondeur ?
- Quelles sont ses dimensions / ses mesures ?
- Ça fait deux mètres sur trois.
- Il mesure 60 m².
  [soixante mètres carrés]

POIDS

- Quel est le poids de ce meuble ?
- Elle pèse combien ?
- Il fait combien ? [Attention, peut aussi bien signifier il pèse / il mesure / il coûte combien ?]
- Ça pèse 50 kilos.
- Elle pèse 15 kg.
- Ça fait deux tonnes.

FORME

- *Quelle est sa forme ?*
- *Il est en forme de quoi ?*
- *C'est (assez / très / plutôt /) grand / petit / gros / mince / fin.*
- *Il est épais / minuscule.*
- *Elle est longue / courte / lourde / légère.*
- *C'est carré / rectangulaire / rond / circulaire / ovale.*
- *Elle a la forme d'un carré / rectangle / triangle / cercle.*
- *Il est difforme.*

MATIÈRE

- *C'est en quoi ?*
- *C'est fait en quoi ?*
- *C'est en quelle matière ?*
- *C'est (fait) en bois / coton / laine / métal / or / pierre / plastique.*

→ **Au toucher, vous pouvez dire :**
- *C'est doux / dur / mou / rugueux.*

COULEUR

- *Elle est de quelle couleur ?*
- *C'est de quelle couleur ?*
- *C'est rouge / orange / blanc.*
- *Elle est violette / noire / marron.*
- *La neige est blanche.*
- *Les tournesols sont jaunes.*
- *Ce blouson est vert foncé.*
- *Sa robe est bleu clair.*
- *Cet orange tire sur le rouge.*

LOCALISER

➤ Chercher un lieu, page 64

➤ Demander un itinéraire, page 74
- *Où est-ce que c'est ?*
- *Où est-ce que j'ai mis le parapluie ?*
- *C'est où ?*
- *Où est-ce ?*
- *Où c'est ?*
- *Mon stylo est sous les papiers.*
- *Les clés sont sur la table.*
- *C'est à gauche / à droite de l'ordinateur.*
- *La lampe est devant / derrière le canapé.*
- *C'est (tout) près / (très) loin d'ici.*
- *C'est juste à côté / en face de la boulangerie.*
- *Ça se trouve près d'ici.*

DÉCRIRE UN LIEU

➤ Le logement, page 180

➤ Les lieux, page 93
- *C'est grand / petit ?*
- *C'est comment ?*
- *Quelle est sa surface ?*
- *Il fait combien de mètres carrés ?*
- *L'appartement est immense / tout petit / minuscule.*
- *C'est sauvage / calme / désertique / isolé / en pleine nature.*
- *C'est paradisiaque.* [= C'est très beau et agréable.]
- *C'est l'enfer.* [= C'est horrible.]

PARLER DE SON PAYS D'ORIGINE

- o *C'est deux fois plus grand que la France.*
- o *C'est grand comme la Suisse.*
- o *C'est à dix heures de vol.*
- o *C'est un peu comme la Provence.*
- o *Il fait plus chaud / froid qu'ici.*
- o *Le climat est plus / moins / aussi agréable qu'ici.*
- ✻ *J'ai le mal du pays.*
  [= Mon pays me manque.]

PARLER DU PAYS D'ACCUEIL

- o *Je me sens bien ici.*
- o *J'ai des problèmes avec la langue.*
- o *J'aime (beaucoup) les gens / la culture / la gastronomie d'ici.*
- o *Il y a beaucoup de choses à faire ici.*
- o *Ici, mon travail me plaît (vraiment).*
- o *Je ne peux pas trouver de travail.*
- o *Il y a beaucoup de différences / similarités entre ici et mon pays.*
- o *L'adaptation est facile / difficile pour moi.*

PARLER D'UN CHANGEMENT

→ **Pour se faire confirmer un changement, vous pouvez dire :**
- o *Il y a quelque chose de changé, non ?*
- o *Vous avez changé de coiffure / voiture ?*
- • *T'as grossi / maigri, non ?*

→ **Pour annoncer un changement, vous pouvez dire :**
- o *Ça devient difficile.*
- o *Les temps changent.*
- o *Il y aura un changement d'horaires en décembre.*
- o *Nous allons changer de voiture.*
- o *C'est une transformation totale.*
- o *Elle rajeunit / vieillit.*
- o *Il se fait vieux. / Elle se fait vieille.*
- o *On modifie / change le décor.*
- o *Ils ont tout changé, je ne reconnais plus rien.*

→ **Pour annoncer qu'il n'y a pas de changement, vous pouvez dire :**
- o *Tout est pareil.*
- o *Rien n'a changé.*
- o *C'est toujours la même chose.*
- ✻ *Ma situation financière n'a pas bougé d'un iota.*
  [= Elle n'a pas du tout changé.]

COMPARER

COMPARAISON

- o *Je suis comme toi.*
- o *Il est plus grand que son frère.*
- o *Elle est aussi rapide que lui.*
- o *Il gagne autant que le directeur.*
- o *Elle est moins jalouse que son mari.*
- o *Il est aussi drôle que sympathique.*
- o *C'est meilleur.*
- o *C'est mieux / pire.*
- ✻ *Tel père, tel fils.* *[= Le fils est comme son père.]*

SIMILARITÉ

- Ça ressemble à quoi ?
- Il ressemble à qui ?
- Elles se ressemblent ?
- C'est la même chose.
- C'est pareil.
- Ça revient au même.
- Ils sont semblables / identiques / analogues.
- On dirait des jumeaux.
- Elle ressemble à son père / à sa mère.
- Ça ressemble à une tulipe.
- Ils se ressemblent comme deux gouttes d'eau.
  [= Ils sont absolument semblables.]
- C'est du pareil au même.
  [= C'est la même chose.]
- C'est blanc bonnet et bonnet blanc. [= C'est la même chose.]
- C'est kif kif. [= C'est pareil.]

DIFFÉRENCE

- Ce n'est pas la même chose.
- C'est différent.
- Ça n'a rien à voir.
- Tout les oppose.
- Leurs points de vue divergent.
- C'est le jour et la nuit.
  [= Ce sont des choses ou des réalités complètement différentes.]
- C'est pas la même chanson.
  [= C'est différent.]

PARLER D'UNE QUANTITÉ

→ Pour s'informer sur une quantité :

- Il y en a combien ?
- Il mesure / pèse / coûte / fait combien ?

→ Pour exprimer une quantité spécifique :

- Je vais prendre un litre de lait / deux kilos de tomates / une boîte de petits pois / un paquet de spaghettis.
- Vous devez prendre une cuillerée à soupe de sirop avant chaque repas.
- On m'a augmenté de 12 euros, c'est maigre. [= C'est peu.]

Attention ! En Suisse et en Belgique francophones, on utilise **septante** et **nonante** au lieu de **soixante-dix** et **quatre-vingt-dix** comme en France et au Québec. De même, en Suisse romande, **huitante** (plus rarement **octante**) remplace **quatre-vingts**.

→ Pour exprimer une quantité non précise :

- Je vais prendre de la confiture / de l'eau / du fromage / des œufs / quelques fruits.
- Il m'aime un peu, beaucoup, passionnément, à la folie, pas du tout.
- Il y en a des tas / des tonnes / un max. [= Il y en a beaucoup.]
- C'est pas énorme. / Ça fait pas lourd. / Y en a pas des masses.
  [= C'est peu.]

CONVERSATIONS

Descriptions

🔊 **PISTE 18** LE NOUVEAU DRH

M. DUMAS	- Alors, le remplaçant de Mollet, le nouveau DRH*, tu l'as vu ?
M. HUGON	- Oui, je sors de son bureau. Elle a l'air sympathique et compétente. Elle a le sens du contact.
M. DUMAS	- Elle ? C'est une femme ?
M. HUGON	- Oui, elle s'appelle Myriam Duchemin.
M. DUMAS	- D'où vient-elle ?
M. HUGON	- De l'agence de Rennes. Je crois qu'elle est bretonne.
M. DUMAS	- Et quel âge a-t-elle ?
M. HUGON	- Elle est plutôt jeune pour le poste. La trentaine.
M. DUMAS	- Et bien, au moins, ça va nous changer de Mollet et de sa petite moustache ridicule!
M. HUGON	- C'est parce qu'il est parti en retraite que tu dis ça. Avant, tu n'aurais jamais osé le dire tout haut.

➤ Informations générales, page 48

* Directeur des Ressources Humaines

🔊 **PISTE 19** LE COPAIN DE SANDRINE

MAUD	- T'as vu le nouveau copain de Sandrine ?
PAULINE	- Non. Raconte ! Il est comment ?
MAUD	- C'est un grand brun, frisé. Il est d'origine marocaine.
PAULINE	- Il est beau ?
MAUD	- Pas mal du tout. Assez athlétique. Il fait de la muscu*. Un peu le genre Superman, tu vois ?
PAULINE	- Ah, ouais ! Et il a l'air sympa ?
MAUD	- Oui, il rit tout le temps. Ils s'entendent bien tous les deux.
PAULINE	- Elle l'a rencontré où ?
MAUD	- Ils sont dans la même classe, en terminale.
PAULINE	- Je ne comprends pas comment Sandrine a trouvé un mec pareil. Elle qui est toute petite et maigre comme un clou.
MAUD	- Tu ne serais pas un peu jalouse, toi ?

➤ Décrire une personne, page 48

* musculation

🔊 PISTE 20 PORTRAIT-ROBOT

L'INSPECTEUR	- Alors, madame, décrivez-moi votre agresseur.
MME THOMAS	- C'était un homme d'un certain âge, à l'allure bizarre.
L'INSPECTEUR	- Quel âge a-t-il environ ?
MME THOMAS	- Je ne sais pas, une soixantaine d'années. Il n'était pas très grand.
L'INSPECTEUR	- Quelle est la couleur de ses cheveux ?
MME THOMAS	- Il était un peu chauve, avec des cheveux blancs. Il avait aussi une longue barbe blanche.
L'INSPECTEUR	- Et ses yeux ?
MME THOMAS	- Il avait les yeux bleus.
L'INSPECTEUR	- Bien. Et comment était-il habillé ?
MME THOMAS	- Il portait un long manteau rouge.
L'INSPECTEUR	- Rouge ? Vous en êtes sûre ?
MME THOMAS	- Oui il était déguisé en Père Noël. Je ne vous l'avais pas dit?

➤ Aspect physique, page 50

3

🔊 PISTE 21 AU BUREAU DES OBJETS TROUVÉS

MME THIBAULT	- Bonjour, monsieur.
L'EMPLOYÉ	- Bonjour, madame.
MME THIBAULT	- J'ai perdu mon parapluie hier. Est-ce que quelqu'un l'aurait retrouvé ?
L'EMPLOYÉ	- Nous allons voir. Où l'avez-vous perdu exactement ?
MME THIBAULT	- Dans le bus 38, du côté de la gare du Nord.
L'EMPLOYÉ	- Comment est-il ?
MME THIBAULT	- Il est assez grand, gris...
L'EMPLOYÉ	- Le manche est en quelle matière ?
MME THIBAULT	- En bois clair.

UN INSTANT PLUS TARD

L'EMPLOYÉ	- C'est celui-ci ?
MME THIBAULT	- Ah, non ! Le mien est en meilleur état et plus foncé, presque noir. Tenez ! C'est celui d'à côté. Je le reconnais.
L'EMPLOYÉ	- Impossible, madame. Nous l'avons depuis une semaine.

➤ Décrire un objet, page 54

SANDRINE - Salut Bruno. Ça va ? Tu as l'air triste, abattu. Qu'est-ce qui ne va pas ?

BRUNO - Je ne sais pas. Je me sens triste.

SANDRINE - T'es malade ?

BRUNO - Non, c'est pas ça. Tu sais Sandrine, quand je suis arrivé, j'étais émerveillé. Tout était nouveau et si différent de chez moi.

SANDRINE - Mais ça ne te plaît plus d'être ici ?

BRUNO - Si, si, bien sûr mais j'ai la nostalgie de mon pays, des odeurs, des plats que ma mère préparait. Ma famille et mes amis me manquent. Tu peux pas imaginer à quel point tout ça me manque.

SANDRINE - T'as des amis ici aussi. Tu m'as moi ! Et la cuisine, elle est délicieuse ici.

BRUNO - C'est pas la même chose. Tu peux pas comprendre. T'as jamais quitté ton pays.

➤ Parler de son pays d'origine, page 56

PHILIPPE - Eh, Marc. C'est toi ?

MARC - Excusez-moi. On se connaît ?

PHILIPPE - Mais, oui. C'est moi, Philippe. Tu ne me reconnais pas ?

MARC - Philippe ! Ça fait un bail* ! Tu as changé, dis donc. Tu as maigri, non ?

PHILIPPE - Oui, j'ai pris un coup de vieux après mon divorce. Et mes cheveux ont blanchi.

MARC - Ah ! Tu as divorcé. Je ne savais pas...

PHILIPPE - Et toi, tu n'as pas changé. Toujours le même. Encore célibataire ?

MARC - Oui. Mais je vis avec mon amie, Élodie...

PHILIPPE - Ah ! Ah ! Tu vas me raconter ça. Allez, viens. On va prendre un verre pour fêter nos retrouvailles.

➤ Décrire une personne, page 48
➤ Parler d'un changement, page 56

* ça fait longtemps

ACHATS - VOYAGES

ACHATS
VOYAGES

4

CONVERSATIONS p.76

4. Achats – Voyages

LES COURSES

DIRE QU'ON VA FAIRE LES COURSES

Ne pas confondre **faire les courses** (acheter des produits quotidiens, notamment alimentaires) et **faire des courses / des achats** (pour des achats plus occasionnels : vêtements, chaussures…).

○ *Je vais faire les courses / des courses / des achats.*

○ *Je pars en courses.*

○ *Je vais faire les soldes.*

✳ *J'aime faire du lèche-vitrines.*
[= J'aime regarder les vitrines des magasins.]

CHERCHER UN LIEU

➤ Parler d'un lieu, page 55
➤ Demander un itinéraire, page 74

○ *Pouvez-vous me dire où se trouve le supermarché ?*

○ *Est-ce que vous savez où est le centre commercial ?*

○ *Est-ce qu'il y a une pharmacie près d'ici ?*

○ *Je cherche un bureau de change. Vous savez où je peux en trouver un ?*

○ *Savez-vous où se trouve le Café de la Gare ?*

→ On peut vous répondre :

○ *Vous trouverez ce magasin dans la 2ᵉ rue à droite.*

○ *Vous allez le trouver sur votre droite au bout de cette rue.*

○ *À ma connaissance, il n'y en a pas.*

○ *Je ne sais pas, je ne suis pas du quartier.*

DANS UN MAGASIN

Principales indications à connaître :
- *Magasin ouvert de 10 h 00 à 21 h 00*
- *Fermé le lundi*
- *Vente à emporter*
- *À consommer avant le …*
- *Date limite de vente : …*
- *Les DVD ne sont ni repris ni échangés*
- *La maison ne fait pas crédit*
- *La maison n'accepte pas les chèques*
- *TTC (Toutes Taxes Comprises)*
- *TVA (Taxe à la Valeur Ajoutée)*

ARRIVER DANS UN MAGASIN

→ On peut vous demander :

○ *Je peux vous aider ?*

○ *On s'occupe de vous ?*

○ *Vous désirez un renseignement / une information ?*

○ *Monsieur / Madame / Mademoiselle ?*

- *Vous désirez ?*
- *Il vous faut quelque chose ?*
- *Puis-je vous aider ?*

DIRE CE QU'ON CHERCHE

- *Savez-vous où sont les boissons ?*
- *Où est-ce que je peux trouver l'électroménager ?*
- *Le rayon lingerie, s'il vous plaît ?*
- *Vous faites des plats à emporter ?*
- *Je voudrais un paquet de farine, s'il vous plaît.*
- *Il me faudrait une bouteille d'eau / une boîte de petits pois / une demi-douzaine d'œufs.*
- *Est-ce que vous avez des enveloppes ?*
- *Avez-vous des timbres fiscaux ?*
- *Donnez-moi une demi-livre de beurre !* [1 livre= 500 grammes]
- *Le plein, s'il vous plaît.* [à la station-service]

→ **On peut vous répondre :**
- *C'est au fond du magasin.*
- *Deuxième rayon à gauche.*
- *Je vais vous montrer.*
- *Il n'y en a pas ici.*
- *Je suis désolé(e), nous n'en avons pas.*
- *Ah ! Je n'en ai plus.*
- *Navré(e), mais nous ne faisons pas ce type d'intervention.*
- *Désolé(e), ça ne se fait plus.*
- *Désolé(e), il est déjà réservé.*

→ **S'il n'y a pas le produit, vous pouvez demander :**
- *Est-ce que vous savez quand vous allez en recevoir ?*
- *Est-ce que vous savez où je peux en trouver ?*
- *Vous ne savez pas qui en vend dans le quartier ?*
- ✱ *Elle est rentrée bredouille de la librairie.* [= Elle n'a pas trouvé les livres qu'elle cherchait.]
➤ Commander un produit, page 68

S'INFORMER SUR LE PRIX

- *Ce pantalon est-il soldé ?*
- *Quel est le prix de cette robe ?*
- *Combien coûte cette montre ?*
- *Pourriez-vous me dire le prix de cette statuette ?*
- *Il fait combien ?*
- *C'est combien ?*
- *À combien sont les haricots verts ?*

→ **Si vous faites un gros achat :**
- *Est-ce que vous pouvez me faire un devis pour ces travaux ?*

Il est vivement conseillé de demander un devis écrit avant de commencer des travaux. Vous éviterez ainsi un désaccord lors du paiement.

- ✱ *Elle ne regarde pas à la dépense.* [= Elle n'hésite pas à dépenser beaucoup d'argent.]
- ✱ *Je l'ai eu pour une bouchée de pain.* [= Je l'ai eu pour pas cher.]
➤ Le prix de quelque chose, page 93

DEMANDER À ESSAYER

→ Vous pouvez demander :

o Je peux essayer ce pantalon,
  s'il vous plaît ?

o Où se trouvent / sont les cabines
  d'essayage, s'il vous plaît ?

o Vous avez une cabine d'essayage ?

o Est-ce que je peux essayer ce pull ?

o Est-ce que vous pouvez me
  montrer comment ça fonctionne ?

→ On peut vous dire :

o Voulez-vous l'essayer ?

o Les cabines d'essayage
  sont au fond du magasin.

o Vous avez une cabine d'essayage
  à gauche.

DEMANDER DE L'AIDE
OU UN CONSEIL

➤ Demander de l'aide, page 15

→ On peut vous dire :

o Ça vous va / plaît ?

o Ça va, la taille ?

→ Vous pouvez demander :

o Vous pensez / trouvez
  que c'est la bonne taille ?

o Vous pensez / trouvez
  que ça me va bien ?

o Est-ce que ce pantalon
  ne fait pas trop décontracté ?

o Vous croyez que ce modèle
  est le plus approprié ?

→ On peut vous répondre :

o Cela vous va à merveille.

o Cet ensemble vous rajeunit.

o Je pense que c'est parfait
  pour la taille.

o Je pense que la taille en-dessous /
  au-dessus vous irait mieux.

o La couleur vous va bien
  et la coupe vous amincit.

o C'est un appareil
  de grande qualité.

✗ Ça vous va comme un gant.

✗ Ça se vend comme
  des petits pains. [= Ce produit
  a beaucoup de succès.]

DEMANDER DES RETOUCHES

o Vous faites des retouches /
  raccommodages ?

o Vous pouvez raccourcir /
  raccommoder cette chemise
  pour demain ?

o Les retouches sont chères ?

→ On peut vous répondre :

o Les retouches sont payantes /
  gratuites.

o On vous fait les retouches
  pour demain soir.

o Nous n'avons pas de service
  retouches.

o Nous ne faisons pas de retouches.

HÉSITER

o J'hésite.

o Je ne sais pas si je vais la prendre.

o J'hésite entre les deux paires
  de chaussures.

o Je ne sais pas si ça me plaît
  vraiment.

DEMANDER
LES CONDITIONS DE VENTE

○ Si ça ne convient pas,
  je peux le rapporter ?

○ Quelles sont les conditions
  d'échange et de remboursement ?

○ Vous remboursez,
  si ça ne plaît pas ?

→ On peut vous répondre :

○ Nous ne reprenons pas
  les sous-vêtements.

○ Les articles en promotion
  ne sont ni repris, ni échangés.

○ Nous ne remboursons pas
  les articles déjà échangés.

○ Nous vous donnerons un avoir.

○ Si ça ne vous convient pas,
  vous avez une semaine
  pour effectuer l'échange.

NÉGOCIER

En Europe, on n'a pas l'habitude
de marchander, mais vous pouvez
essayer de négocier lors d'un gros achat
(appartement, voiture,...) ou si vous achetez
en quantité.

○ Vous n'avez pas moins cher ?

○ Vous me faites un (petit) prix ?

○ C'est trop cher pour moi !
  On peut négocier ?

○ Vous ne pourriez pas faire
  un petit prix ?

○ La voiture est super,
  mais je n'ai pas les moyens.
  On peut discuter le prix ?

○ Si j'en prends trois,
  vous me faites une remise ?

→ On peut vous répondre :

○ Je vous fais un prix d'ami.

○ Nous vous faisons des facilités
  de paiement.

○ Vous pouvez payer en trois fois.

○ Je vous fais une remise de 5 %.

○ Vous avez un crédit gratuit
  de trois mois.

○ Désolé(e), on ne peut pas baisser
  le prix.

○ Nos prix sont déjà serrés.

○ Je regrette, mais il est déjà
  en promotion.

4

NE PAS ACHETER

→ Pour refuser, le plus simple
  est de dire :

○ J'ai changé d'avis.

○ Je vais réfléchir.

○ Non je ne les prends pas.
  [À éviter, car trop direct.]

ACHETER

○ C'est d'accord.

○ Je prends celui-là.

○ Vous pouvez me le livrer ?
  [S'il s'agit d'un achat volumineux.]

→ Le vendeur peut ajouter :

○ C'est un (très) bon choix.

○ Très bien. Ce sera tout ?

○ D'accord. Et avec ceci / ça ?

○ Il vous faut autre chose ?

○ Vous désirez autre chose ?

→ Vous pouvez répondre :

○ C'est tout, merci.

○ Ce sera tout.

RÉSERVER UN PRODUIT

- *Vous pouvez me réserver cet appareil pendant une heure ?*
- *Est-ce que vous pouvez me le garder jusqu'à ce soir ?*
- *Vous pouvez mettre de côté ces livres jusqu'à cet après-midi ?*

→ On peut vous répondre :
- *On vous le garde pendant une heure.*
- *Pas de problème, je la mets de côté.*
- *Désolé(e), nous ne pouvons pas réserver les articles.*

PAYER

- *Je vous dois combien ?*
- *Ça fait combien ?*
- *Il y a une réduction pour les étudiants ?*
- *Est-ce que vous acceptez les chèques ?*
- *Je peux payer avec une carte de crédit ?*
- *Vous prenez la carte bleue ?*
- *Est-ce que je peux payer en plusieurs mensualités ?*

→ On peut vous dire :
- *Vous réglez comment ?*
  [Les Français n'utilisent pas souvent le verbe **payer**. *Ils préfèrent utiliser* **régler**.]*
- *Ça fait 30 €.*
- *72 €, s'il vous plaît.*
- *Ça vous fera 13,15 euros.*
  [treize euros quinze]
- *Je vous fais un reçu / une facture ?*

CONTESTER LE RENDU DE MONNAIE

- *Excusez-moi, je crois qu'il y a une erreur.*
- *Vous vous êtes trompé(e) dans la monnaie.*
- *Vous avez oublié de me rendre la monnaie.*

COMMANDER UN PRODUIT

➤ Commander, page 169
- *Vous pouvez me le commander ?*
- *Je voudrais commander un poulet fermier pour demain.*
- *J'aimerais commander ce livre.*
- *Pourriez-vous me l'avoir pour lundi prochain ?*

→ On peut vous dire :
- *Pour quand en avez-vous besoin ?*
- *Vous le voulez pour quand ?*
- *Je vais faire un bon de commande.*
- *Vous êtes M. / Mme / Mlle… ?*
- *Je le mets à quel nom ?*
- *Voulez-vous signer le bon de commande ?*

RÉCEPTIONNER UN PRODUIT

- *Je viens chercher ma commande.*
- *Je viens pour la commande d'hier. C'est prêt ?*

→ On vous demandera :
- *C'est à quel nom ?*
- *Vous avez le bon de commande ?*
- *C'est déjà réglé ?* *[réglé = payé]*

→ S'il le produit n'est pas (exactement)
celui qui a été demandé, on peut
vous dire :
o Ça va comme ça ?
o Ça ira quand même ?
o Cela vous convient ?
o Ce n'est pas tout à fait le même,
mais c'est d'aussi bonne qualité.

→ Vous pouvez répondre :
o C'est bon, je le prends
quand même.
o Il n'y a pas de problème.
o Ce n'est pas ce que j'avais
commandé.
o Vous m'aviez montré autre chose
lors de la commande.
o Désolé, ça ne me convient pas.
o Non, je n'aime pas (du tout).

RÉCLAMER

➤ Protester, pages 155, 169

→ Au service après-vente :
o Il y a un (petit) problème.
o J'ai une réclamation à faire.
o J'aimerais avoir
des explications !

→ Si un appareil a un problème
de fonctionnement :
o Ça ne marche pas.
o Ça ne fonctionne pas.
o Il fait un bruit bizarre.
o Je n'arrive pas à le faire
démarrer.

→ Si vous êtes mécontent(e)
d'un produit ou d'un service :
o Je ne suis pas (du tout)
satisfait(e) de vos services.

o J'ai acheté ce pantalon hier
et je viens de m'apercevoir
qu'il y a un défaut à la couture.
Est-ce que vous pouvez
me l'échanger ?
o Vous m'aviez assuré
que ça fonctionnait aussi
avec des piles.
o Ils vendent de la camelote.
[camelote = produit de mauvaise
qualité]

→ On peut vous dire :
o Nous ne reprenons pas
les articles soldés.
o Vous avez le ticket de caisse ?
o Vous avez apporté la facture /
le certificat de garantie ?
o Je m'occupe de votre problème
(tout de suite).
o Je vais voir ce que je peux faire.
o Nous allons examiner
votre réclamation.

→ Après examen des documents,
on peut vous dire :
o Nous allons arranger ça.
o Nous allons trouver une solution.
o Nous allons faire tout
notre possible pour résoudre
cette situation.
o Je suis désolé(e), la garantie
n'est plus valable.
o Cet appareil n'est plus
sous garantie.
o Je regrette mais la date
de validité a expiré.
o Je regrette mais nous ne sommes
pas responsables.
o Ce n'est pas de notre faute.

4

DEMANDER À PARLER AVEC UN RESPONSABLE

- *Vous voulez bien appeler un responsable ?*
- *Appelez le chef de service !*
- *Je voudrais voir le directeur.*

AU CAFÉ

S'INSTALLER

- *C'est libre ?*
- *Je peux prendre cette chaise ?*
- *Il y a quelqu'un ici ?*
- *Est-ce que je peux m'asseoir ici ?*

→ On peut vous répondre :
- *Oui, bien sûr.*
- *Je vous en prie.*
- *Désolé(e), il y a quelqu'un.*
- *Je regrette, c'est pris.*

COMMANDER

→ On peut vous demander :
- *Que voulez-vous boire ?*
- *Qu'est-ce que je vous sers ?*
- *Vous désirez ?*

➤ Recevoir quelqu'un, page 33

→ Pour commander :
- *Je voudrais une orange pressée.*
- *Je prendrai une eau gazeuse.*
- *Je vais prendre un café.*
- *Un demi, s'il vous plaît.*
  [un demi = un verre de bière.]
- *Pour moi, ce sera une limonade.*
- *La même chose. / Pour moi aussi.*

PAYER

- *Ça fait combien ?*
- *Je vous dois combien ?*
- *Ça fait 12,50 euros, s'il vous plaît.*
  [douze euros cinquante]
- *Gardez la monnaie.*

En France, dans les cafés et les restaurants, le service est toujours compris. Mais vous pouvez laisser un peu plus si vous le désirez. C'est ce qu'on appelle le pourboire.

AU RESTAURANT

Si en France les repas du matin, du midi et du soir sont respectivement **le petit déjeuner**, **le déjeuner** et **le dîner**, au Québec et en Suisse ce sont **le déjeuner**, **le dîner** et **le souper**.

RÉSERVER PAR TÉLÉPHONE

- *Je voudrais réserver une table pour jeudi soir.*

→ On peut vous demander :
- *À quel nom ?*
- *À quelle heure ?*
- *Pour combien de personnes ?*

S'INSTALLER

En général, dans un restaurant vous devez attendre que l'on vous place à table.

→ Vous précisez :
- *Nous avons réservé pour 20 h.*
- *Nous sommes quatre.*
- *Vous avez une table pour cinq personnes ?*

→ On peut vous demander :
- *Vous avez réservé ?*
- *Avez-vous une réservation ?*
- *À quel nom ?*

DEMANDER LA CARTE

→ Si le serveur oublie
   de vous donner la carte :
- *Je peux avoir la carte ?*
- *On pourrait avoir la carte ?*
- *Je pourrais avoir la carte
   des vins, s'il vous plaît ?*

→ En vous remettant la carte,
   la serveuse peut vous demander :
- *Désirez-vous un apéritif ?*
- *Vous prendrez un apéritif ?*

COMMANDER

➤ Au café, page 70

→ On peut vous demander :
- *Vous avez choisi ?*
- *Je peux prendre la commande ?*
- *Qu'est-ce qui vous ferait plaisir ?*
- *Qu'est-ce que vous prenez
   comme dessert ?*
- *Vous prendrez un dessert,
   un café ?*
- *Et pour les boissons,
   vous avez choisi ?*

→ Vous pouvez répondre :
- *Nous n'avons pas encore choisi.*
- *Un moment, s'il vous plaît.*
- *Quel est le plat du jour ?*
- *Qu'est-ce que vous nous
   recommandez avec le poulet ?*

- *Je prendrai le menu à 30 €.*
- *De l'eau minérale et un verre
   de (vin) blanc, s'il vous plaît.*

DEMANDER DES INFORMATIONS À PROPOS DES PLATS

- *Est-ce qu'il y a de la moutarde
   dans la sauce ? Je suis allergique.*
- *La blanquette de veau,
   qu'est-ce que c'est ?*
- *Est-ce qu'il y a des tomates
   dans la salade mixte ?*
- *Qu'est-ce qu'il y a
   comme garniture / légumes
   avec le saumon ?*
- *La sauce américaine,
   c'est très pimenté ?*

→ Pour les viandes rouges, le serveur
   pourra vous demander le degré
   de cuisson :
- *Quelle cuisson le steak ? Bleu,
   saignant, à point, bien cuit ?*

PAYER

➤ Au café, page 70
➤ Note culturelle sur le pourboire, page 70
- *Monsieur, je peux avoir
   l'addition ?*
- *Madame, pouvez-vous apporter
   l'addition ?*
- *Monsieur, l'addition,
   s'il vous plaît !*
- ✱ *Je trouve que l'addition est salée.*
   [= Je trouve que c'est très cher.]

→ Si vous voulez inviter vos convives :
- *C'est pour moi, je vous invite.*
   [inviter = payer l'addition]

À L'HÔTEL

Pour vous loger, vous pouvez choisir entre hôtel, auberge de jeunesse (si vous avez une carte de membre), chambre d'hôte (chez l'habitant), gîte rural (chambre à la campagne), ou même camping.

DEMANDER UNE CHAMBRE

o Je voudrais une chambre pour une personne avec bain / douche du 2 au 15 juillet.

o Avez-vous une chambre avec vue sur la mer / la montagne ?

→ Le réceptionniste peut vous dire :

o C'est pour combien de temps ?

o Désirez-vous un lit double ou des lits jumeaux ?

o Nous sommes désolés, tout est complet.

o Je regrette, nous n'avons plus de chambres disponibles.

o Vous prenez la pension (complète) / la demi-pension ?

Demi-pension = petit déjeuner + un repas.
Pension complète = petit déjeuner + deux repas.

S'INFORMER SUR UNE CHAMBRE

o Est-ce qu'il y a la possibilité d'ajouter un lit ?

o La chambre a l'air conditionné ?

o Les duvets et les oreillers sont en plume ? J'y suis allergique.

S'INFORMER SUR LE PETIT DEJEUNER

o Est-ce que le petit déjeuner est compris ?

o Le petit déjeuner est servi à quelle heure ?

o Où est servi le petit déjeuner ?

DEMANDER UN SERVICE SUPPLÉMENTAIRE

o Pouvez-vous me réveiller à 7h30, s'il vous plaît ?

o Est-ce que vous pourriez m'appeler un taxi ?

o Avez-vous un accès Internet ?

o Quel est le code pour Internet, s'il vous plaît ?

o Est-ce qu'il y a la wifi dans la chambre ?

PAYER

o Pouvez-vous me préparer la note, s'il vous plaît ?

→ En rendant la clé de la chambre :

o Nous partons.

LES VOYAGES

ACHETER UN BILLET

o Je voudrais un billet pour Milan, départ le 26 janvier, s'il vous plaît.

o Un aller pour Nantes, s'il vous plaît.

→ On peut vous demander :

○ Vous partez quand /
À quelle date ?

○ Aller-retour ? Première
ou deuxième classe ? *[en train]*

○ Classe économique / touristes /
affaires / première classe ?
[en avion]

➤ Circuler en ville, page 17

DEMANDER DES INFORMATIONS SUR LE VOYAGE

○ Quel est la durée du voyage /
du vol ?

○ Il arrive à quelle heure ?

○ À quelle heure y a-t-il un car /
ferry / bateau pour Marseille ?

○ C'est un train / vol direct ?

○ Il faut être à l'aéroport
à quelle heure ?

→ On peut vous dire :

○ Il fait escale à Madrid.

○ N'oubliez pas d'être à l'aéroport
deux heures à l'avance.

○ Vous avez droit à deux bagages
maximum.

○ Vous ne pouvez emporter
qu'un bagage en cabine.

○ Vous devez respecter la taille
de votre bagage de cabine.

PROCÉDER À UNE VÉRIFICATION AVANT LE DÉPART

● T'as les billets ?

● T'es sûr que tu n'as rien oublié ?

● On n'a rien oublié ?
Les passeports ? Les billets ?

PRENDRE L'AVION

→ On peut vous dire :

○ Je suis désolé, vous arrivez
trop tard. Nous avons attribué
votre siège à une autre personne.
*[Dans ce cas d'overbooking,
vous devez absolument protester.]*

➤ Protester, page 155

○ Voici votre carte d'embarquement.

○ Vos bagages ne sont pas
conformes au règlement.
Ils sont trop gros / lourds.

○ Vous êtes en excès de poids.
Vous devez payer un supplément
de 100 euros.

→ Dans l'avion :

○ Attachez votre ceinture.

○ Redressez votre siège.

○ Vous êtes priés d'éteindre
votre téléphone portable.

○ Laissez votre ceinture attachée
jusqu'à l'arrêt complet
de l'appareil.

PRENDRE LE TRAIN

○ Cette place est libre ? / C'est libre ?

○ Excusez-moi monsieur / madame,
je crois que c'est ma place.

○ C'est bien la voiture 17, ici ?

○ Je cherche la voiture bar.

○ Vous n'avez pas vu le contrôleur ?

○ Pouvez-vous me réveiller
une heure avant l'arrivée
à Florence ?

○ J'ai la couchette du haut.

○ J'ai la place 57.

4

→ Le contrôleur peut vous dire :
- o Votre billet, s'il vous plaît !
- o Contrôle des billets !
- o Vous n'avez pas composté votre billet, vous devez régler une amende de 50 €.

En France, avant de monter dans un train, vous devez composter votre billet au moyen des appareils situés à l'entrée des quais, sauf si vous avez imprimé vous-même votre titre de transport.
SNCF = Société Nationale des Chemins de fer Français
TGV = Train à Grande Vitesse
AR = Aller – Retour

VOYAGER EN VOITURE

Si vous n'avez pas de voiture, sachez que l'auto-stop n'est plus à la mode en Europe, mais vous pouvez consulter un site de covoiturage sur Internet ou bien louer une voiture.

LOUER UNE VOITURE

- o Bonjour, je voudrais louer une voiture pour le week-end prochain pour deux conducteurs.
- o Je vais à Orléans, est-ce que je dois ramener la voiture à Bordeaux ?
- o Est-ce que la voiture est équipée d'un GPS ?
- o Quelles sont les conditions d'assurance ?

→ On peut vous dire :
- o Quelle catégorie ?
- o Je peux avoir votre permis de conduire, s'il vous plaît ?
- o Vous pouvez laisser la voiture à Orléans si vous voulez.

DEMANDER UN ITINÉRAIRE

- o Quelle est la route la plus directe / la plus touristique pour aller à Cahors ?
- o Vous connaissez un bon restaurant pas loin d'ici ?
- o Est-ce que la rue de la Gaîté est loin d'ici, s'il vous plaît ?
- o Excusez-moi, comment est-ce que je peux aller jusqu'à l'autoroute ?
- o Savez-vous comment rejoindre la nationale 7 ?

→ On peut vous dire :
- o Ne prenez pas l'autoroute, c'est très cher.
- o Passez par Sarlat, c'est une très jolie ville.
- o Pour aller là-bas, prenez la A12 et sortez à la sortie numéro 6.
  [A12 = autoroute numéro 12]
- o Prenez la deuxième rue à droite puis la première à gauche et vous arriverez directement sur la RN 20 qui vous conduit à Montlhéry.
  [RN 20 = route nationale numéro 20]
- o Continuez tout droit et, au rond-point, prenez la deuxième sortie puis tournez à droite.
- o L'hôpital se situe dans la troisième rue à gauche.
- o Arrivé(e) au feu, demandez à nouveau.
- o C'est toujours tout droit.
- o Au croisement, vous trouverez un plan de la ville.
- o Désolé(e), mais je ne connais pas / je ne suis pas du quartier.

En France les voies routières ont des noms différents selon leur type.
En agglomération, on a :
- une avenue (av.),
- un boulevard (bd),
- une rue, un chemin (ch.),
- une impasse (imp.).
À l'extérieur des villes, on a :
- une route départementale (D),
- un boulevard périphérique,
- une voie rapide / rocade,
- une route nationale (RN),
- une autoroute, signalée par
un panneau bleu (A).

EN CAS D'ACCIDENT

Si vous avez un accident, vous devez faire un constat au moyen du formulaire qui vous a été fourni avec les papiers du véhicule.

➤ En cas d'urgence, page 18

PASSER LA DOUANE

→ Le douanier peut vous dire :

o *Vous avez quelque chose à déclarer ?*

o *Cette valise est à vous ? Pouvez-vous l'ouvrir ?*

À L'OFFICE DU TOURISME

o *Bonjour, est-ce que vous auriez un plan de la ville, s'il vous plaît ?*

o *Je cherche un hôtel pour trois nuits.*

o *Pouvez-vous m'indiquer un restaurant de spécialités régionales ?*

o *Avez-vous le programme des spectacles / du festival ?*

o *Qu'est-ce qu'il y a à voir ici / dans la région ?*

o *Il y a un parc d'attractions pour les enfants / un zoo ?*

o *Qu'est-ce que vous me conseillez de visiter ?*

o *À quelle heure ouvrent les musées ?*

o *Est-ce qu'il y a une carte de réduction pour les musées et les autres sites touristiques de la ville ?*

o *Il y a une excursion organisée pour visiter le château de Chenonceau ? Le déjeuner est compris ?*

➤ Loisirs, page 187

4

Achats - Voyages

🔊 **PISTE 24** LA PETITE JUPE BLEUE

ANA	- Tu as vu cette jupe bleue, elle est pas mal, non ? Viens ! On entre.
LAURENCE	- Si tu veux.
...	
LE VENDEUR	- Bonjour. Je peux vous aider ?
ANA	- Bonjour. Je pourrais voir la petite jupe bleue qui est en vitrine ?
LE VENDEUR	- Oui, mademoiselle. Quelle taille faites-vous ?
ANA	- Du 38.
LE VENDEUR	- Je vais vous chercher ce modèle. Je crois que nous en avons encore.

QUELQUES INSTANTS PLUS TARD

LE VENDEUR	- La voilà.
ANA	- Je peux l'essayer ?
LE VENDEUR	- Bien sûr. Les cabines sont au fond du magasin, à droite.

DANS LA CABINE D'ESSAYAGE

LAURENCE	- Elle est jolie. Elle est chère ?
ANA	- Pas trop. C'est 39,99 euros avec la réduction de 20 %.
LAURENCE	- Elle n'est pas un peu grande pour toi ?
ANA	- Je trouve aussi.

PLUS TARD

LE VENDEUR	- Elle vous va parfaitement.
ANA	- Vous trouvez ? Je la trouve un peu large à la ceinture. Vous n'avez pas la taille en-dessous ?
LE VENDEUR	- Non. Nous n'avons plus que de grandes tailles, et celle qui est en vitrine est déjà réservée. Mais vous savez, quelques retouches et elle sera impeccable.
ANA	- Vous pourriez les faire pour quand ?

LE VENDEUR	- Pour demain soir, si vous voulez.
ANA	- Ça ferait combien en plus ?
LE VENDEUR	- Pour ce type de retouches, c'est 12 euros.
ANA	- Oh ! C'est un peu cher ! Et vous n'allez pas en recevoir d'autres à ma taille ?
LE VENDEUR	- Ce n'est pas prévu, mais je vais voir s'il y en a en stock dans un autre magasin.

PLUS TARD

LE VENDEUR	- Je viens de téléphoner. Vous avez de la chance. Il en reste une. J'ai demandé qu'ils nous l'envoient. Elle sera ici après-demain. Ça vous va ?
ANA	- Oui. C'est parfait.
LE VENDEUR	- La réservation, je la fais à quel nom ?
ANA	- Ana Marques.
LE VENDEUR	- Vous avez un numéro de téléphone pour le cas où... ?
ANA	- Oui. C'est le 06 88 05 75 98.
LE VENDEUR	- C'est noté. Vous pouvez passer après-demain à partir de 15 h.

> Dans un magasin, page 64

🔊 **PISTE 25** AU CAFÉ

ALEXANDRE	- Excusez-moi. C'est libre ?
UNE CLIENTE	- Euh... non. J'attends quelqu'un.

...

LE SERVEUR	- Bonjour. Qu'est-ce que vous prenez ?
ALEXANDRE	- Pour moi, un café. Et toi ?
ÉLODIE	- De l'eau minérale.
LE SERVEUR	- Gazeuse ou plate ?
ÉLODIE	- Gazeuse.

...

ALEXANDRE	- Monsieur, je vous dois combien ?
LE SERVEUR	- Le ticket est sur la table.
ALEXANDRE	- Ah, oui !... Excusez-moi, mais je crois qu'il y a une erreur. Nous n'avons pas pris de croque-monsieur.
LE SERVEUR	- Oh ! Je suis désolé. Je me suis trompé de table... Voilà votre ticket. Ça fait 6 euros.

> Au café, page 70

LA COIFFEUSE	- Bonjour madame.
Mᵐᵉ BOUBLI	- Bonjour, j'ai rendez-vous à 17 h, Mᵐᵉ Boubli.
LA COIFFEUSE	- C'est bien ça. Asseyez-vous au bac, madame. On s'occupe de vous tout de suite.

PLUS TARD

LA COIFFEUSE	- Qu'est-ce que je vous fais ?
Mᵐᵉ BOUBLI	- Je veux juste un brushing. Et coupez le minimum de cheveux !
LA COIFFEUSE	- D'accord. Avez-vous déjà essayé des mèches ?
Mᵐᵉ BOUBLI	- Non, jamais.
LA COIFFEUSE	- Vous devriez. Je pense que ça vous irait bien ! Les tons cuivrés mettraient en valeur votre visage.
Mᵐᵉ BOUBLI	- Vous croyez ?... Je ne sais pas.
LA COIFFEUSE	- Essayez, je vous assure. En plus, c'est très à la mode.
Mᵐᵉ BOUBLI	- Vous êtes sûre ? Bon d'accord. J'espère que je ne vais pas le regretter.
LA COIFFEUSE	- Je vais préparer la couleur et je reviens tout de suite.

À LA FIN

LA COIFFEUSE	- Et voilà.
Mᵐᵉ BOUBLI	- C'est bizarre de me voir avec ces mèches. Je n'aime pas beaucoup.
LA COIFFEUSE	- Vous avez tort, ça vous va très bien. C'est parce que vous n'êtes pas habituée.
Mᵐᵉ BOUBLI	- Vous croyez ?

➤ Demander de l'aide ou un conseil, page 66

SUZANNE	- Dis ! Tu ne trouves pas que le scanner fait un bruit bizarre ?
GILLES	- C'est vrai. Il déconne* complètement.
SUZANNE	- Il faut le porter à réparer.
GILLES	- D'accord. Je m'en occupe demain.

LE LENDEMAIN, AU MAGASIN

GILLES	- Je vous rapporte ce scanner. Il fait un bruit bizarre. Il grésille.
LE VENDEUR	- C'est peut-être un faux contact. Vous avez amené la facture et le certificat de garantie ?
GILLES	- Oui, les voilà.
LE VENDEUR	- Merci... Mais... vous savez que la garantie a expiré il y a une semaine ?
GILLES	- Vraiment ?
LE VENDEUR	- Oui. Les réparations seront à vos frais.

GILLES	- Quoi ? À une semaine près ? Vous ne pouvez pas faire un geste** ?
LE VENDEUR	- Je regrette, monsieur. C'est la même chose pour tout le monde.
GILLES	- C'est pas croyable. Je vais vous faire de la publicité sur Internet, vous pouvez me faire confiance.
…	
LE VENDEUR	- Attendez ! Monsieur !

* il ne marche pas
**faire un geste commercial, une exception

➤ Réclamer, page 69

🔊 **PISTE 28** AU MARCHÉ

Mᵐᵉ COLBERT	- Qu'est-ce que tu as envie de manger demain midi ?
M. COLBERT	- Je ne sais pas, c'est comme tu veux.
Mᵐᵉ COLBERT	- C'est toujours moi qui dois choisir. Un rosbif-haricots verts, ça te va ?
M. COLBERT	- Très bien.

CHEZ LE BOUCHER

Mᵐᵉ COLBERT	- Bonjour. Donnez-moi un rosbif d'un kilo !
LE BOUCHER	- Il y en a un peu plus. Ça ira quand même ?
Mᵐᵉ COLBERT	- Oui.
LE BOUCHER	- Et avec ça ?
Mᵐᵉ COLBERT	- Deux tranches de jambon, s'il vous plaît.

CHEZ LE MARCHAND DE LÉGUMES

LE MARCHAND	- Et pour Madame ?
Mᵐᵉ COLBERT	- Une livre de haricots verts et six tomates pas trop mûres. Vous n'avez plus de courgettes ?
LE MARCHAND	- Ah, non ! Vous arrivez trop tard. Mais j'en aurai demain. Ce sera tout ?
Mᵐᵉ COLBERT	- Oui. Ah, non ! J'oubliais. Deux citrons, s'il vous plaît.
LE MARCHAND	- Voilà. Ça vous fait 8,30 euros.

CHEZ LE FROMAGER

LA CRÉMIÈRE	- Qu'est-ce que je vous sers ?
Mᵐᵉ COLBERT	- Un camembert bien fait, un chèvre pas trop sec et… un petit pot de crème fraîche.
…	
Mᵐᵉ COLBERT	- Tu veux bien aller chercher une tradition* et un petit campagne** pendant que je fais la queue chez le poissonnier ?
M. COLBERT	- Tu me donnes de l'argent ? J'ai oublié mon porte-monnaie.

* une baguette traditionnelle
**un pain de campagne

➤ Acheter, page 67
➤ Payer, page 68

◀))) **PISTE 29** <u>AU RESTAURANT – RÉSERVATION</u>

Le patron	- Au Bon Accueil, bonjour.
Mᵐᵉ Dumas	- Allô, bonjour. Je voudrais réserver une table pour demain soir.
Le patron	- Oui madame, à quelle heure ?
Mᵐᵉ Dumas	- Huit heures et demie.
Le patron	- Pour combien de personnes ?
Mᵐᵉ Dumas	- Quatre personnes.
Le patron	- C'est à quel nom ?
Mᵐᵉ Dumas	- Dumas.
Le patron	- Comme l'écrivain ?
Mᵐᵉ Dumas	- Quel écrivain ?
Le patron	- Alexandre Dumas, l'auteur de *Notre-Dame de Paris** !
Mᵐᵉ Dumas	- Euh... oui.
Le patron	- Bien, c'est noté. À demain, madame.
Mᵐᵉ Dumas	- Au revoir.

*Nous rappelons au lecteur distrait que c'est Victor Hugo qui a écrit *Notre-Dame de Paris*.

➤ Réserver par téléphone, page 70

◀))) **PISTE 30** <u>AU RESTAURANT – LA COMMANDE</u>

Le serveur	- Vous avez choisi ?
M. Simeoni	- J'ai une petite question à vous poser. Qu'est-ce que c'est le poulet du chef ?
Le serveur	- C'est un poulet cuit au vin blanc, servi avec des champignons et une sauce à la crème. Je vous le recommande.
M. Simeoni	- Bien. Alors, nous prendrons deux menus à 20 euros. Avec, comme entrée, deux hors-d'œuvre variés et, pour moi, une entrecôte maître d'hôtel, et toi, Bernadette ?
Mᵐᵉ Simeoni	- Une sole grillée. Qu'est-ce qu'il y a comme garniture avec ?
Le serveur	- Des pommes vapeur. Quelle cuisson, l'entrecôte ?
M. Simeoni	- Bien cuite.
Le serveur	- Et comme boisson ?
M. Simeoni	- Une demi-bouteille de Crozes-Hermitage et une carafe d'eau, s'il vous plaît.

➤ Commander / Demander des informations sur les plats, page 71

LA RÉCEPTIONNISTE	- Hôtel Beaurivage, bonjour.
M. MARTINEZ	- Bonjour, madame. Je voudrais réserver une chambre pour deux personnes, le week-end prochain.
LA RÉCEPTIONNISTE	- Pour deux nuits ?
M. MARTINEZ	- Oui.
LA RÉCEPTIONNISTE	- Alors… nous avons une chambre avec bain à 80 euros la nuit ou une chambre avec douche à 70 euros, pour deux personnes.
M. MARTINEZ	- Le petit déjeuner est compris ?
LA RÉCEPTIONNISTE	- Oui, petit déjeuner compris.
M. MARTINEZ	- Est-ce que vous faites la demi-pension ?
LA RÉCEPTIONNISTE	- Ah non, monsieur, je regrette. À cette période, le restaurant est fermé. Mais il y a un excellent restaurant juste en face de l'hôtel.
M. MARTINEZ	- Bien. Alors je vais prendre la chambre avec bain.
LA RÉCEPTIONNISTE	- Oui, c'est à quel nom ?
M. MARTINEZ	- Martinez.
LA RÉCEPTIONNISTE	- C'est noté. Vous pensez arriver à quelle heure ?
M. MARTINEZ	- Nous arriverons vendredi par le train de 16 h.
LA RÉCEPTIONNISTE	- C'est parfait. Au revoir, monsieur.
M. MARTINEZ	- Au revoir, madame. À vendredi.

➤ À l'hôtel, page 72

🔊 **PISTE 32** À LA GARE

MME CAPUTO	- Bonjour, je voudrais deux billets pour Marseille, pour vendredi prochain.
L'EMPLOYÉ	- Oui, madame. Vous partez le matin ou l'après-midi ?
MME CAPUTO	- Vers 9 h, si possible.
L'EMPLOYÉ	- Vous avez un TGV à 8 h 45 et un autre à 9 h 27.
MME CAPUTO	- Ils sont au même prix ?
L'EMPLOYÉ	- Celui de 8 h 45 est en période bleue* et l'autre en période blanche*. C'est 20 euros de plus pour celui de 9 h 27.
MME CAPUTO	- Alors 8 h 45, c'est bien.
L'EMPLOYÉ	- Il y a un retour ?
MME CAPUTO	- Oui, dimanche soir. Je crois qu'il y a un train à 20 h.
L'EMPLOYÉ	- C'est exact. Ça vous fait 156 euros au total. Vous réglez comment ?
MME CAPUTO	- Avec une carte de crédit…

L'EMPLOYÉ	- Vous pouvez taper votre code… Voilà. Deux allers-retours Lyon-Marseille. Départ vendredi 9 à 8 h 45, retour dimanche 11 à 20 h 02.
Mᴹᴱ CAPUTO	- Merci. Au revoir, monsieur.

> Acheter un billet, page 72

*Les tarifs sont différents selon la date et l'horaire des trains.

🔊 PISTE 33 LA MAIRIE

UN TOURISTE	- Excusez-moi, monsieur, pour aller à la mairie, s'il vous plaît ?
UN PASSANT	- C'est très simple. Vous tournez à droite… Ah, non ! … C'est pas possible, c'est un sens interdit. Alors, vous allez tout droit, vous remontez l'avenue Gambetta et au rond-point, vous prenez l'avenue Jean-Jaurès à gauche. Ensuite, vous traversez la voie ferrée. Et là, vous tournez à droite. Vous roulez trois cents mètres et vous arrivez à la mairie. Vous avez compris ?
UN TOURISTE	- Oui… On va peut-être demander plus loin.

> Demander un itinéraire, page 74

🔊 PISTE 34 À L'OFFICE DE TOURISME

L'EMPLOYÉ	- Bonjour, madame.
Mᴹᴱ LE TROADEC	- Bonjour, monsieur. Je cherche un hôtel pour cette nuit.
L'EMPLOYÉ	- Oui, quelle catégorie ?
Mᴹᴱ LE TROADEC	- Pardon ?
L'EMPLOYÉ	- Deux étoiles ? Trois étoiles ?
Mᴹᴱ LE TROADEC	- Deux étoiles.
L'EMPLOYÉ	- Dans quel quartier ?
Mᴹᴱ LE TROADEC	- Je n'ai pas bien compris. Vous pouvez parler plus lentement, s'il vous plaît ?
L'EMPLOYÉ	- Vous voulez un hôtel dans le centre ?
Mᴹᴱ LE TROADEC	- Oui. C'est loin du musée des Beaux-Arts ?
L'EMPLOYÉ	- Non. Je vais vous proposer un hôtel dans le quartier des musées…Vous avez des chambres à l'hôtel Flaubert, rue Flaubert.
Mᴹᴱ LE TROADEC	- Flaubert ? Ça s'écrit comment ?
L'EMPLOYÉ	- F.L.A.U.B.E.R.T. Il est situé derrière la mairie.
Mᴹᴱ LE TROADEC	- Bien. Merci, monsieur. Juste une question. Les musées sont ouverts demain ?
L'EMPLOYÉ	- Oui, ils sont tous ouverts sauf la Galerie d'art moderne. Elle est fermée pour travaux.
Mᴹᴱ LE TROADEC	- Ok. Merci. Au revoir monsieur.
L'EMPLOYÉ	- Je vous en prie. Au revoir madame.

> À l'office du tourisme, page 75

GOÛTS
APPRÉCIATIONS

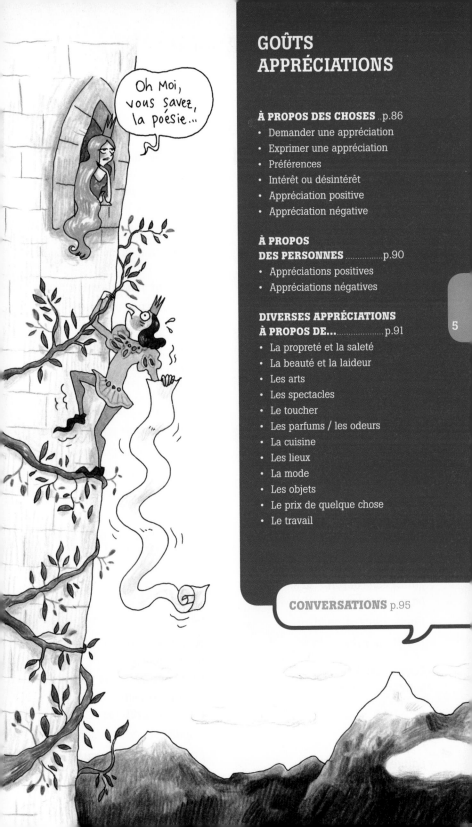

Oh Moi, vous savez, la poésie...

GOÛTS APPRÉCIATIONS

5

5. Goûts - Appréciations

À PROPOS DES CHOSES

DEMANDER UNE APPRÉCIATION

➤ Demander son avis à quelqu'un, page 116

○ *Ça vous plaît / Ça vous a plu ?*
○ *Vous aimez / avez aimé le spectacle ?*
○ *Vous trouvez que c'est bon ?*
○ *Vous me le recommandez ?*
○ *C'est intéressant ?*
○ *Ça vaut la peine d'y aller ?*
○ *L'expo est bien ?* [expo = exposition]
● *T'as trouvé ça comment ?*

EXPRIMER UNE APPRÉCIATION

➤ Donner son avis, page 116
➤ Appréciation négative, page 88

○ *J'admire l'œuvre de Victor Hugo.*
○ *J'adore le chocolat.*
○ *J'apprécie (beaucoup) ses qualités.*
○ *J'aime son confort / sa simplicité / leur esthétisme.*
○ *J'aime aller au théâtre.*
● *Je kiffe le rap.*

→ Si vous appréciez un objet, vous pouvez dire, du moins fort au plus fort :
○ *J'aime assez.*
○ *J'aime bien.*
○ *J'aime.*

○ *J'aime beaucoup ce meuble.*
[Attention, ces expressions n'ont pas la même valeur pour une personne.]
➤ Amitié, page 108

→ Si vous n'appréciez pas, vous pouvez dire, du moins fort au plus fort :
○ *Je n'aime pas tellement.*
○ *Je n'aime pas vraiment.*
○ *Je n'aime pas beaucoup.*
○ *Je n'aime pas le froid.*
○ *Je n'aime pas du tout les verbes irréguliers.*

→ Vous pouvez également dire :
○ *Ça ne me plaît pas tellement.*
○ *Ça ne me plaît pas du tout.*
○ *J'ai horreur de l'hypocrisie.*
○ *Le fouillis. Quelle horreur !*
○ *Je déteste ça.*
✖ *Ce n'est pas ma tasse de thé.*
[= Je n'aime pas ça.]

PRÉFÉRENCES

➤ Exprimer sa passion, son enthousiasme, page 88

→ Pour demander à quelqu'un ce qu'il préfère :
○ *Qu'est-ce que vous préférez ?*
○ *Quelle est celle que vous préférez ?*
○ *Quelle est votre préférence ?*
● *Pour lequel optez-vous ?*

→ Vous pouvez répondre :

o *C'est mon tableau favori /
ma chanson favorite.*

o *C'est mon livre préféré.*

o *Rester ici, c'est préférable.*

o *J'aime mieux le café.*

o *Je préfère l'eau gazeuse.*

o *J'aimerais mieux du thé.*

o *Je préférerais autre chose.*

• *Il a ma préférence.*

INTÉRÊT OU DÉSINTÉRÊT

EXPRIMER SON INTÉRÊT

o *Ça m'intéresse / me tente.*

o *Je trouve ça intéressant.*

o *Je m'intéresse à l'histoire
de ce peuple.* [plutôt pour
un intérêt général ou un goût]

o *Je suis intéressé(e) par ce modèle.*
[pour un intérêt particulier]

• *J'éprouve de l'intérêt
pour cette culture.*

• *Je porte de l'intérêt à ce projet.*

EXPRIMER SON DÉSINTÉRÊT

➤ Critiquer, page 89

o *C'est sans (aucun) intérêt.*

o *Ça ne m'intéresse pas
(beaucoup / pas du tout).*

o *Je ne suis pas intéressé(e).*

o *Ça ne me dit rien.*

o *Oh moi, vous savez, la poésie…*

✗ *Ça me laisse froid.*
[= *Ça me laisse indifférent.*]

• *Bof !*

APPRÉCIATION POSITIVE

➤ Exprimer une appréciation, page 86

➤ Être satisfait, page 103

➤ Donner son avis, page 116

o *C'est / C'était bon / bien.*

o *Je trouve / J'ai trouvé ça bien.*

o *Qu'est-ce que c'est intéressant !*

o *Ça me plaît (bien / beaucoup).*

o *Ça en vaut la peine.*

o *C'est correct / positif.*

o *C'est remarquable.*

o *C'est un plaisir.*

o *C'est épatant / sympa.*

o *C'est pas mal / pas mauvais.*
[Selon l'intonation, cela peut signifier
C'est assez bien / très bien.]

✗ *Ça vaut le détour.*
[= *C'est très intéressant.*]

• *Ça ne me déplaît pas.*

• *N'est-ce pas extraordinaire ?*

• *C'est pas mal du tout.*
[= *C'est très bien.*]

• *C'est vachement bien.*

• *C'est le pied ! / C'est terrible !*
[= *C'est génial.*]

• *C'est top ! / C'est méga top !*
[= *C'est extraordinaire.*]

→ Certains Français n'hésitent pas
à utiliser *trop* à la place de *très* :

• *C'est trop bien !*

• *Trop cool !* [= *Super !*]

→ Pour moduler votre appréciation,
vous pouvez utiliser, du moins fort
au plus fort : *assez, plutôt* ou *très* :

o *C'est assez plaisant.*

o *C'est plutôt agréable.*

o *C'est très bien.*

5

o *C'est vraiment parfait.*

[Vous ne pouvez pas utiliser très avec un adjectif dont l'intensité est déjà forte comme magnifique. Si vous voulez insister, utilisez vraiment.]

✱ *C'est de premier ordre.*
[= C'est de première qualité.]

VANTER L'ORIGINALITÉ

o *C'est exceptionnel / original / unique.*

o *J'aime son originalité.*

o *Ça sort de l'ordinaire.*

o *C'est hors du commun.*

o *C'est tout à fait singulier.*

o *C'est vraiment particulier.*

o *Ce n'est pas banal.*

FAIRE L'ÉLOGE

➤ Félicitations, page 39

o *C'est une grande œuvre cinématographique.*

o *Je vous recommande ce restaurant.*

● *Je voudrais faire l'éloge de ce monument.*

→ **Pour évoquer la renommée :**

o *Cette chanson est connue / célèbre / populaire.*

o *Ce bar est renommé / réputé pour son accueil.*

o *Cette discothèque a une bonne réputation.*

o *Tout le monde dit du bien de ce restaurant.*

o *Ce site apparait dans tous les guides touristiques.*

EXPRIMER SA PASSION, SON ENTHOUSIASME

➤ Exprimer une appréciation, page 86

➤ Préférences, page 86

➤ Appréciation positive, page 87

o *C'est extraordinaire.*

o *Il est fantastique / formidable.*

o *C'est inoubliable / magique.*

o *Elle est merveilleuse / sensationnelle.*

o *C'est une merveille.*

o *Ça m'enchante / me passionne / m'enthousiasme / me fascine.*

o *Je suis passionné(e) par mon travail.*

o *Je suis fou de jazz.*

o *Je suis une admiratrice de la musique de Berlioz.*

✱ *Je suis fan / fana / de mode.*
[= Je suis fanatique de la mode.]

✱ *Je suis dingue de glaces.*
[= J'adore les glaces.]

APPRÉCIATION NÉGATIVE

➤ Être insatisfait, page 106

➤ Déception, page 104

o *C'est déplaisant / désagréable / mauvais.*

o *Ce n'est pas (très) bon / bien.*

o *Ça me déplaît.*

o *C'est (trop) nul.*

o *Je trouve ça nul.*

o *Qu'est-ce que c'est moche !*

● *Ça m'emballe pas.*

● *C'est pas génial / pas terrible.*

✱ *C'est pas le pied / pas le top !*
[= Ce n'est pas extraordinaire.]

EXPRIMER L'ENNUI

➤ Ennui, page 104

○ Ce n'est pas intéressant.

○ C'est ennuyeux.

○ Quelle triste soirée !

○ Quel ennui !

● C'est barbant / rasoir.

● La barbe !

● C'est chiant.

● Qu'est-ce que je m'emmerde !
[grossier]

EXPRIMER LE DÉGOÛT, L'ÉCŒUREMENT

➤ Exprimer une appréciation, page 86
➤ La cuisine, page 92

○ C'est répugnant / ignoble / abominable.

○ Ça m'écœure / me dégoûte.

○ C'est dégoûtant.

○ Ça me donne envie de vomir.

● C'est abject.

● Ça me répugne.

● C'est dégueulasse / dégueu.

CRITIQUER

➔ L'excès :

○ C'est exagéré / excessif.

○ C'est de la folie.

○ C'est de l'abus.

○ Ils abusent.

➔ L'inutilité :

○ C'est inutile / superflu.

○ Ce n'est pas indispensable / pas utile / pas nécessaire.

○ Ça ne sert à rien.

➔ Le manque de clarté :

○ C'est confus / flou / incompréhensible.

○ C'est trop vague.

○ Ce n'est pas clair.

○ Ça manque de clarté.

○ Ça n'a pas de sens.

✖ Ça n'a ni queue ni tête.
[= C'est totalement incompréhensible, incohérent.]

➔ Le manque d'intelligence :

○ C'est grotesque / idiot / ridicule / stupide.

○ C'est fou, insensé.

● C'est une ineptie.

○ C'est n'importe quoi !

✖ Ça vole bas. / Ça ne vole pas haut. / C'est au ras des paquerettes. [= Ce n'est pas intelligent. (particulièrement à propos d'arguments dans une discussion)]

➤ Injurier / Insulter, page 156

➔ Le manque d'originalité :

○ C'est banal / impersonnel / ordinaire.

○ Ce n'est pas original (du tout).

○ Ça manque d'originalité.

○ C'est d'une banalité !

➔ Le manque de moralité :

○ C'est bas.

○ Quel manque de pudeur !

○ C'est immoral / indécent.

○ C'est indigne / méprisable.

➔ la vulgarité :

○ C'est grossier / trivial / vulgaire.

○ Quelle grossièreté / vulgarité !

○ Quel manque de finesse / d'élégance !

À PROPOS DES PERSONNES

> Décrire une personne, page 48
> Amitié, page 108

APPRÉCIATIONS POSITIVES

→ **Pour parler de l'apparence :**

o *Il a bon goût.*

o *Elle a de la grâce.*

o *Il a du charme / un charme fou.*
[Attention, avoir du charme signifie être attirant, séduisant, mais être charmant a perdu de sa force et signifie souvent poli, agréable.]

✳ *Elle est (trop) mortelle.*
[= Elle est très belle.]

→ **Pour parler des capacités :**

o *Elle a du mérite /du talent / du génie.*

o *Il est intelligent / compétent.*

o *C'est un expert / un as.*

→ **Pour parler de la personnalité :**

o *C'est une personne ouverte / tolérante / compréhensive.*

o *Elle a de la personnalité.*

o *Il est authentique.*

→ **Pour parler du comportement :**

o *Elle est bien élevée.*

o *C'est une personne exemplaire.*

● *Il fait tout comme il faut.*

→ **Pour parler des sentiments :**
> Amitié, page 108

o *Je le trouve sympathique.*

o *J'ai de l'admiration / de la sympathie pour elle.*

o *Je l'adore.*

o *Elle est sympa.*

o *C'est un homme / une femme comme il faut.* *[= C'est un homme / une femme traditionnellement correct(e). convenable.]*

APPRÉCIATIONS NÉGATIVES

o *Il est antipathique / désagréable.*

o *J'éprouve de l'antipathie pour elle.*

o *Elle n'est pas sympa.*

✳ *Je ne peux pas le voir / le sentir.*
[= Je ne le supporte pas.]

✳ *Elle ne peut pas le piffer.*
[= Elle ne l'apprécie pas du tout.]

● *Il est relou.* *[= Il est lourd, insupportable.]*

● *Il est chelou / zarbi.*
[= Il est étrange / bizarre.]

→ **Pour parler de l'apparence :**

o *Elle n'est pas terrible.*

✳ *Il est B.C.B.G.* *[bon chic bon genre (expression ironique) = Il est bien habillé. avec une bonne éducation.]*

✳ *C'est pas miss monde.*
[= Elle n'est pas spécialement belle.]

→ **Pour parler des incapacités :**

o *Il n'est pas intelligent / compétent.*

o *Elle est nulle.*

→ **Pour parler de la personnalité :**

o *C'est une personne fermée.*

o *Il est insensible.*

o *Je ne la comprends pas.*

→ **Pour parler des sentiments :**
> Amitié, page 108

o *Je la trouve antipathique.*

o *Je la déteste.*

○ *Je ne l'aime pas.*

● *Je ne le kiffe pas.*
  [= Je ne l'aime pas. / Je ne l'apprécie pas.]

→ **Pour parler du comportement :**

○ *Elle est mal élevée.*

○ *Il est snob.*

○ *Il est méchant. [Ce sont surtout les enfants qui le disent.]*

✼ *Elle fait tout de travers.*
  [= Elle fait tout mal.]

DIVERSES APPRÉCIATIONS À PROPOS DE...

LA PROPRETÉ ET LA SALETÉ

LA PROPRETÉ

○ *C'est impeccable / tout propre.*

✼ *C'est propre comme un sou neuf.*
  [= C'est très propre.]

✼ *C'est nickel.*
  [= C'est parfaitement propre.]

LA SALETÉ

○ *C'est malpropre / sale / sordide.*

● *C'est dégueulasse.*

✼ *Quelle porcherie ! [= C'est très sale.]*

LA BEAUTÉ ET LA LAIDEUR

LA BEAUTÉ

→ **Du moins fort au plus fort, vous pouvez dire :**

○ *C'est mignon / joli / beau.*
  [Vous ne pouvez pas utiliser mignon et joli pour des choses de grande taille.]

○ *C'est magnifique / superbe.*

○ *Cette statuette est mignonne.*

○ *C'est une jolie maison.*

○ *J'ai visité un beau château.*

○ *C'est ravissant.*

○ *C'est d'une beauté !*

● *Ouah !*

LA LAIDEUR

○ *Ce n'est pas (très) beau.*

○ *C'est laid / difforme.*

○ *C'est affreux / horrible.*

○ *C'est sans attrait.*

○ *C'est (plutôt) moche.*

● *C'est tarte. [= C'est moche.]*

● *C'est pas terrible.*

LES ARTS

→ **Si l'appréciation est positive :**

○ *C'est un joyau / un enchantement.*

○ *Cette sculpture est un chef-d'œuvre.*

○ *À mon avis, c'est le plus grand poète / compositeur du siècle.*

→ **Si l'appréciation est négative :**

○ *Ce n'est pas le roman du siècle.*

○ *C'est kitsch.*

○ *C'est de mauvais goût.*

○ *C'est du gribouillage.*
  [à propos de peinture]

○ *C'est chargé. [à propos des arts plastiques et de l'architecture]*

○ *Ce n'est pas mélodieux. / C'est dissonant. / C'est une cacophonie.*
  [à propos de la musique]

5

✱ *Ça ne fera pas date dans l'histoire de la littérature / de la peinture ...* [= Ce n'est pas une œuvre extraordinaire.]

✱ *C'est un roman à l'eau de rose.* [= C'est un roman trop sentimental.]

LES SPECTACLES

→ Si l'appréciation est positive :

○ *C'est distrayant / divertissant / amusant / drôle / rigolo.*

○ *C'est bouleversant / émouvant / palpitant.*

○ *C'est le film / le spectacle de l'année.*

○ *Ça m'amuse / me distrait / me divertit.*

○ *C'est marrant comme tout.*

✱ *Cette pièce de théâtre fait un tabac.* [= Cette pièce de théâtre a du succès]

→ Si l'appréciation est négative à propos d'un film ou d'un acteur / d'une actrice :

○ *C'est une série B.* [= C'est un film de deuxième ordre.]

○ *Il en fait trop.* [= L'acteur n'est pas naturel.]

○ *Le film / Le spectacle a duré trois plombes.* [trois plombes = trois heures / trop longtemps]

✱ *Elle joue comme un pied.* [= Elle interprète mal son rôle.]

✱ *C'est un navet.* [= C'est un mauvais film.]

● *Ce film est nul / nul à chier.* [très grossier]

➤ Ennui, page 108

LE TOUCHER

→ Si l'appréciation est positive :

○ *C'est agréable / doux / moelleux / soyeux.*

→ Si l'appréciation est négative :

○ *C'est désagréable / rêche / dur.*

LES PARFUMS / LES ODEURS

→ Si l'appréciation est positive:

○ *Ça sent bon.*

○ *C'est parfumé / odorant.*

○ *J'aime ce parfum / cette odeur.*

→ Si l'appréciation est négative:

○ *Il sent mauvais ce parfum.*

○ *Ce parfum est insupportable / écœurant.*

○ *Ça sent mauvais.*

● *Ça pue.*

● *Ça chlingue !*

LA CUISINE

→ Si l'appréciation est positive :

○ *C'est appétissant.*

○ *C'est (très) bon.*

○ *C'est délicieux / excellent / savoureux.*

○ *Délicieuse, cette sauce !*

○ *Délicieux, ce plat !*

○ *C'est un délice.*

○ *C'est extra / fameux.*

○ *Je me régale.*

○ *C'est une cuisine raffinée.*

● *C'est exquis.*

DIVERSES APPRÉCIATION À PROPOS DE...

✱ C'est un cordon bleu.
[= C'est un excellent cuisinier /
une excellente cuisinière.]

● C'est vachement bon.
[= C'est très bon.]

→ Si l'appréciation est négative :

○ C'est écœurant / imbuvable /
immangeable / infect.

○ C'est fade / sans saveur / mal
assaisonné / trop salé / lourd.

○ Ça n'a pas de goût.

○ Ça manque de sel.

○ C'est brûlé.

○ Ce n'est pas assez cuit.

✱ Ça me reste sur l'estomac.
[= Ce n'est pas digeste.]

● Berk ! [Exprime un dégoût très fort.]

✱ C'est du pipi de chat. [(pour une
boisson) = Ça n'a pas de goût.]

➤ Exprimer le dégoût, l'écœurement, page 89

LES LIEUX

➤ Parler d'un lieu, page 55

→ Si l'appréciation est positive :

○ C'est pittoresque / romantique /
typique.

○ C'est un coin charmant.

○ Le cadre est exceptionnel.

○ La vue est superbe.

✱ C'est un paradis. [= Ce lieu
est merveilleux.]

→ Si l'appréciation est négative :

○ C'est moche / mal entretenu.

○ La déco / la décoration
est trop chargée.

○ La vue est horrible.

○ C'et un vrai taudis.

LA MODE

➤ Dans un magasin, page 64

➤ Habillement, page 51

→ Si l'appréciation est positive:

○ C'est à la mode.

○ Il est chic.

○ Elle est élégante.

○ Ça vous va bien.

○ Ça vous va à ravir.

○ Cette robe est faite pour vous.

○ Ça va bien avec vos yeux.

○ Il vous met en valeur.

○ Quelle classe !

● Elle est branchée.
[= Elle est à la mode.]

● Il est chébran. [= Il est à la mode.]

→ Si l'appréciation est négative :

○ C'est démodé / dépassé / vieux.

○ Elle a mauvais goût.

○ Ça lui va mal.

○ Je ne pourrais jamais mettre ça.

● C'est ringard. [ringard = démodé.]

● Il est mal fringué.
[fringué = habillé.]

LES OBJETS

→ Si l'appréciation est positive :

○ C'est adapté / confortable /
pratique / utile / indispensable.

○ Il est irremplaçable.

→ Si l'appréciation est négative :

○ C'est inutile / inadapté /
inconfortable.

○ Ce n'est pas pratique.

DIVERSES APPRÉCIATION À PROPOS DE...

LE PRIX DE QUELQUE CHOSE

→ Si l'appréciation est positive :
- Ce n'est pas cher.
- C'est bon marché.
- Le prix est équitable.
- C'est un bon rapport qualité-prix.
- *Je l'ai eu pour trois fois rien.*
  [= Je l'ai eu pour vraiment pas cher.]
- *Ça vaut le coup. [= C'est une bonne affaire.]*

→ Si l'appréciation est négative :
- C'est abusif / exagéré / exorbitant / hors de prix / inabordable.
- *Ça coûte les yeux de la tête.*
  [= Ça coûte beaucoup trop cher.]

LE TRAVAIL

→ Si l'appréciation est positive :
- C'est un travail remarquable.
- Vous avez (très) bien travaillé.
- Bravo. Il n'y a rien à dire.
- *Il a fait un travail de Romain.*
  [= Il a fait un travail long et difficile.]

→ Si l'appréciation est négative :
- Son niveau est faible / insuffisant / moyen.
- Votre travail est médiocre.
- C'est mal fait.
- Tout est à refaire.
- C'est bâclé.
- C'est ni fait ni à faire.

➤ Le système scolaire français, page 183

Goûts – Appréciations

C'est agréable… c'est doux… c'est soyeux…

PISTE 35 LA FEMME DE MA VIE

GEORGES - Allez, raconte ! Comment ça s'est passé avec Hélène ?

FRÉDÉRIC - C'est une femme remarquable, séduisante…
Elle a un charme fou.

GEORGES - Et en plus, elle est très belle.

FRÉDÉRIC - Ce n'est pas le plus important. Elle est intelligente, cultivée, ouverte.
Et, tu sais, elle est un as* dans son domaine.

GEORGES - Oui, d'accord. Mais qu'est-ce que vous avez fait ?

FRÉDÉRIC - Nous avons beaucoup parlé de Baudelaire. C'est son poète préféré.

GEORGES - Et c'est tout ?

FRÉDÉRIC - Ben, oui. Tu n'es pas très romantique, toi.

* elle est très forte

➤ À propos des personnes, page 90

PISTE 36 L'HOMME DE MA VIE

GABY - Alors, Frédéric, tu le trouves comment ?

HÉLÈNE - Sympa, mais un peu rasoir.

GABY - Il est ennuyeux ?

HÉLÈNE - C'est un intello*. Il m'a tenu la jambe** à propos de Baudelaire
pendant deux heures. Il est fou de poésie.

GABY - Il est plutôt mignon, non ? Il ne te plaît pas ?

HÉLÈNE - Si, mais il n'a pas l'air très débrouillard.

* intellectuel
** retenir quelqu'un par des paroles souvent ennuyeuses

➤ À propos des personnes, page 90

ÉVELYNE	- Qu'est-ce que c'est que cette installation informe ? Quelle horreur !
JULIE	- C'est le nouveau style de Jean-Yves. Tu n'aimes pas ?
ÉVELYNE	- Je trouve ça nul. Dire qu'il peignait de si belles toiles, il y a quelques années !
JULIE	- Tu exagères. Disons que ça manque d'originalité.
ÉVELYNE	- Ah ça, oui ! Ça ne fera pas date dans l'histoire de la peinture. Attention, le voilà !
JEAN-YVES	- Alors, mes chéries, tout va bien ?
JULIE	- Oh ! Jean-Yves ! Quelle expressivité, c'est génial !
ÉVELYNE	- Et cette recherche de formes nouvelles ! Sublime ! Il n'y a qu'un mot : sublime !

➤ Les arts, page 91

* inauguration d'une exposition, notamment de peinture

🔊 **PISTE 38** <u>À TABLE (1)</u>

ÉDOUARD	- Alors ? Qu'en pensez-vous ?
CAROLINE	- Oh, Édouard ! Le cadre est élégant, les plats sont exquis. Merci de nous avoir fait découvrir ce restaurant.
ÉDOUARD	- Il m'a été recommandé par Évelyne.
CAROLINE	- Et ces profiteroles, un vrai délice !
STÉPHANIE	- La sauce au chocolat est particulièrement savoureuse.
BENJAMIN	- En tout cas, c'est fameux. Moi, je me régale.
CAROLINE	- Benjamin ! On ne parle pas la bouche pleine ! On ne t'a pas appris les bonnes manières ?

➤ La cuisine, page 92

🔊 **PISTE 39** <u>À TABLE (2)</u>

Mᵐᵉ POIRET	- Quelle idée tu as eu de nous faire déjeuner dans ce boui-boui* minable !
M. POIRET	- Il n'y avait rien d'autre sur l'autoroute.
Mᵐᵉ POIRET	- L'agneau qui baigne dans la graisse, j'ai horreur de ça ! Et mon verre qui n'est pas propre ! C'est écœurant !
M. POIRET	- C'est vrai que ce n'est pas très bon. Mais c'est mangeable.
Mᵐᵉ POIRET	- Mangeable ? Infect, oui !
KEVIN	- Maman a raison. C'est vraiment dégueulasse.
M. POIRET	- Toi, surveille ton langage et sois poli. Sinon tu vas t'en prendre une** !

*café, restaurant de dernier ordre **prendre une gifle

➤ La cuisine, page 92

PASCAL   - Si on allait voir *Eradicator* ? Qu'est-ce que t'en penses ?

ÉLODIE   - Ah, non ! C'est encore une série B où des types se tapent dessus
tout au long du film. Je n'aime pas la violence.
Va le voir avec tes copains, si tu veux.

PASCAL   - Bon. Qu'est-ce que tu proposes, toi ?

ÉLODIE   - *Marie-Galante* avec Brad Stevens. Il paraît qu'il est fantastique.

PASCAL   - Je suis sûr que c'est encore une histoire à l'eau de rose, un truc
à te faire chialer* toutes les cinq minutes.

ÉLODIE   - S'il te plaît !

PASCAL   - Bon, d'accord. Mais c'est vraiment pour te faire plaisir.

* pleurer

➤ Les spectacles, page 92

5

SENTIMENTS

Je suis déprimée...

?

SENTIMENTS

6

6. Sentiments

HUMEUR

→ **Pour s'informer de l'humeur de quelqu'un :**

- ○ *Il est comment aujourd'hui ?*
- ○ *Elle est de bonne humeur ?*
- ✖ *Il est de bon poil, ce matin ?* [= Il est de bonne humeur, ce matin ?]

BONNE HUMEUR

- ○ *Je suis de bonne humeur.*
- ○ *Je me sens de bonne humeur.*
- ✖ *Il est bien luné.* [= Il est de bonne humeur.]
- ✖ *Elle se lève toujours du bon pied* [= Elle est toujours de bonne humeur.]
- ✖ *J'ai la pêche.* [= Je suis en forme et de bonne humeur.]

MAUVAISE HUMEUR

- ○ *Je suis de mauvaise humeur.*
- ○ *Il est d'une humeur noire.*
- ○ *Elle est d'une humeur massacrante.*
- ✖ *Il ne s'est pas levé du bon pied. / Il s'est levé du pied gauche / du mauvais pied.* [= Il est de mauvaise humeur.]
- ✖ *Aujourd'hui, elle n'est pas à prendre avec des pincettes.* [= Aujourd'hui, elle est de très mauvaise humeur.]

ÉMOTIONS

→ **Pour exprimer un sentiment, une émotion, vous pouvez utiliser les structures suivantes :**

- ○ *J'ai un sentiment de honte / de liberté.*
- ○ *J'éprouve de la curiosité.*
- ○ *Je ressens du bonheur / de l'angoisse.*

CALME

- ○ *Il reste calme*
- ○ *Elle est sereine.*
- ○ *Il a des nerfs d'acier.*
- ○ *Elle a gardé son sang-froid.*

COLÈRE

➤ Protester, page 155
➤ Reprocher, page 154

- ○ *Je suis furieuse.*
- ○ *Je suis excédé(e).*
- ● *Je suis furax. / J'ai les boules.* [= Je suis furieux.]

→ **Quand quelqu'un montre sa colère :**

- ○ *Il se fâche.*
- ○ *Elle s'est mise en colère.*
- ○ *Il est en colère.*
- ○ *Elle est furieuse.*
- ✖ *Il a une dent contre moi.* [= Il éprouve de la rancune.]

* *Pourquoi tu montes
sur tes grands chevaux ?*
[= Pourquoi tu te mets en colère ?]

* *Elle est folle de rage.*
[= Elle est très en colère.]

* *Il est rouge de colère.*
[= Il est très en colère.]

→ Si c'est habituel :
o *Il est colérique / coléreux.*
o *Elle s'emporte facilement.*

COMPASSION

o *C'est triste.*
o *Je vous plains.*
o *Vous n'avez pas de chance.*
o *Je suis désolé(e) pour vous.*
o *Quelle déveine !*
o *C'est moche.*
o *Mon pauvre ! / Ma pauvre !*
o *Pauvre petit(e) !*
o *Oh ! là, là !*
• *Je compatis.*
* *Tu n'as vraiment pas de veine /
pas de bol ! [= Tu n'as vraiment
pas de chance.]*
• *C'est pas drôle.*
* *Quel manque de pot ! [= Quel
manque de chance !]*
➤ Lors d'un décès, page 38

CONFIANCE

➤Méfiance, page 107

o *J'ai confiance en vous.*
o *On lui fait (entièrement)
confiance.*
o *Elle est confiante.*
• *Il se fie à vous.*

* *J'y vais les yeux fermés.*
[= J'ai entièrement confiance.]

* *On lui donnerait le bon Dieu
sans confession. [= On a confiance
en lui.]*

CONTENTEMENT

ÊTRE CONTENT

o *C'est (très) bien.*
o *C'est parfait.*
o *Je suis content(e) / enchanté(e) /
ravi(e) de vous avoir rencontré.*
o *Je suis heureuse d'avoir
pu les voir.*
o *Tant mieux !*

ÊTRE SATISFAIT

o *C'est satisfaisant.*
o *Je suis satisfait(e)
de votre travail.*
o *C'est bien comme ça.*
o *C'est très bien.*

CURIOSITÉ

o *Je suis / serais curieux de savoir
pourquoi il a réagi ainsi.*
o *J'aimerais savoir ce qu'il a dit.*
• *Cette critique littéraire a piqué
ma curiosité.*

→ Si quelqu'un montre une curiosité
excessive, vous pouvez lui dire :
o *Vous êtes bien indiscret !*
o *De quoi je me mêle ?*
o *Petit curieux ! [Attention curieux
peut être positif (qui s'intéresse à...)
ou négatif (indiscret). Placé devant
le nom, il signifie bizarre, étrange.]*

* *Elle fourre son nez partout.*
  [= Elle est trop curieuse.]
* *Quel fouineur !* [= Il est trop curieux.]

DÉCEPTION

➤ Mécontentement, page 106

o *C'est une (véritable) déception.*
o *Ça m'a vraiment déçu(e).*
o *Je n'aurais jamais cru ça d'eux.*
o *Je suis déçu(e).*
o *Tant pis !* [C'est dommage, mais ce n'est pas grave.]

DÉPRIME

o *Il a le moral ?*
o *Ça pourrait aller mieux.*
o *Ça ne va pas du tout.*
o *Je suis déprimé(e) / abattu(e).*
o *Ça m'angoisse.*
o *Je déprime. / J'angoisse.*
• *J'en ai marre de tout.*

→ **Pour dire qu'on n'a pas le moral :**
* *J'ai le cafard / le blues.*
  [= Je n'ai pas le moral.]
* *Il a le moral à zéro.*
  [= Il n'a pas le moral.]

DÉSESPOIR

o *Je suis découragé(e).*
o *C'est désespérant.*
o *J'ai perdu mes illusions.*

ÉMOTION

o *Je suis ému(e).*
o *Ça me bouleverse.*

* *J'en suis tout(e) retourné(e) !*
  [= Je suis bouleversé(e).]
* *Il a un cœur de pierre.*
  [= Il n'éprouve aucune émotion.]

ÉNERVEMENT

o *Il est énervé.*
o *Ça m'agace / m'énerve !*
* *J'ai les nerfs en boule.*
  [= Je suis énervé(e).]
* *Ça me tape sur les nerfs.*
  [= Ça m'énerve.]
* *Il a pété un cable !* [= Il s'est vraiment énervé.]
• *Elle est vénère.* [= Elle est énervée.]

ENNUI

➤ Exprimer l'ennui, page 89

o *Je m'ennuie (à mourir).*
o *Ce travail m'ennuie.*
o *Je ne fais rien d'intéressant.*
o *Je m'embête.*
• *Je m'emmerde.* [grossier]

ESPÉRANCE

EXPRIMER UN ESPOIR

➤ Espérer, page 170

o *J'ai bon espoir / de l'espoir.*
o *J'espère que je réussirai.*
o *Je souhaite réussir l'examen.*

→ **Quelques proverbes pour ne pas désespérer :**
o *La situation est critique mais pas désespérée.*
o *L'espoir fait vivre.*
o *Tant qu'il y a de la vie, il y a de l'espoir.*

6

ENCOURAGER

o *Allez !*
o *Courage !*
o *N'hésitez pas !*
o *N'ayez pas peur !*
● *Vas-y !*

GÊNE / EMBARRAS

o *C'est ennuyeux.*
o *Ça me gêne / m'ennuie.*
o *Je ne sais pas quoi dire.*
o *Je ne sais pas quoi faire.*
o *Je suis confus(e) / désolé(e) / embarrassé(e) / ennuyé(e).*
   [Attention ennui et ennuyeux ont deux significations : ils peuvent indiquer qu'il y a un problème, un souci, ou bien l'absence d'intérêt.]

➤ Ennui, page 105

HONTE

o *J'ai honte de moi / de ce que j'ai fait.*
o *C'est honteux !*
o *Vous devriez avoir honte !*
✖ *Il était rouge de honte.*
● *T'as pas honte ?*

INDIFFÉRENCE

o *Ça m'est égal.*
o *C'est comme vous voulez.*
● *Cela m'indiffère.*
● *Que m'importe !*
● *Je m'en fiche.*
● *Je m'en fous.*

➤ Ne pas choisir, page 32

INDIGNATION / RÉVOLTE

o *C'est insupportable !*
o *Je suis révolté(e) / dégoûté(e).*
o *C'est révoltant / écœurant !*
o *Ça me révolte.*
o *Quel scandale !*
● *Je suis outré(e) / indigné(e).*

➤ Protester, pages 155, 169

INQUIÉTUDE / NERVOSITÉ

o *Ça m'inquiète / me préoccupe / me trouble.*
o *Je suis préoccupé(e) / troublé(e).*
o *Je suis inquiet / soucieux.*
o *Je me fais du souci pour elle.*
o *C'est une préoccupation.*
o *J'éprouve de l'inquiétude.*
o *Ça me donne du souci.*
✖ *Elle s'est fait du mauvais sang.*
   [= Elle était très inquiète.]
✖ *C'est une vraie boule de nerfs.*
   [= Il est très nerveux.]

➤ Rassurer, page 120
➤ Consoler / Réconforter, page 108

JALOUSIE / ENVIE

o *J'aimerais être à sa place.*
o *Ça me fait envie.*
o *Je suis jaloux de lui.*
o *J'éprouve de la jalousie.*
o *Je vous envie.*
o *Elle est envieuse.*
✖ *Il est jaune d'envie.*
   [= Il est très envieux.]
✖ *Elle est verte de jalousie.*
   [= Elle est très jalouse.]
✖ *Il est jaloux comme un tigre.*
   [= Il est très jaloux.]

6

JOIE

o *Je suis heureux / joyeux.*

o *Je suis fière d'elle.*

[Attention ! Si être fier de quelqu'un est positif, Tu es fier de toi ? peut être un reproche ironique et il est fier sans complément signifie il est orgueilleux.]

o *C'est épatant !*

✶ *Il est heureux comme un roi.*
[= Il est très heureux.]

✶ *Elle est gaie comme un pinson.*
[= Elle est joyeuse.]

✶ *Il respire la joie de vivre.*
[= Il est toujours joyeux.]

● *Je me réjouis de votre bonheur.*

● *Chic ! / Chouette ! / Cool ! / Génial ! / Super !*

MÉCONTENTEMENT

ÊTRE MÉCONTENT

➤ Protester / Reprocher, pages 154, 169

o *Ça m'agace.*

o *Ça m'ennuie.*

o *Je ne suis pas content(e) de lui.*

o *Je suis mécontent(e) du résultat.*

o *Zut !*

● *Merde !*

ÊTRE INSATISFAIT

o *Ce n'est pas satisfaisant.*

o *Je ne suis pas satisfait(e) de votre travail.*

o *Ça pourrait être mieux.*

o *C'est nul.*

● *Votre proposition ne me convient pas.*

SE PLAINDRE

➤ Protester, page 155

➤ Reprocher, page 154

o *J'en ai assez.*

✶ *J'en ai ras le bol !*
[= J'en ai vraiment assez.]

→ **Si vous avez mal :**

o *Aïe !*

o *Ce que j'ai mal !*

o *J'ai un mal de tête insupportable.*

➤ Si vous allez mal, page 53

➤ Chez le médecin, page 188

→ **Si vous êtes fatigué(e) :**

o *Je n'en peux plus !*

o *Je suis mort(e) (de fatigue) !*

● *Je suis crevé(e) / kapout !*

✶ *J'en ai plein les bottes !*
[= Je suis très fatigué(e).]

→ **Si vous avez trop de travail :**

o *J'ai trop de travail.*

o *Je n'y arrive plus !*

o *Je suis débordé(e).*

→ **Si vous reprochez quelque chose à quelqu'un :**

o *Des fleurs, vous croyez qu'il m'en offrirait ?*

o *Il ne peut pas faire attention !*

o *Quel bruit ! / Quelle odeur !*

o *Oh ! Ce type !*

o *Tu ne te rends pas compte !*

✶ *J'en ai par-dessus la tête.*
[Je ne peux plus supporter ça.]

✶ *Elle ne m'a pas calculé(e).*
[= Elle est passé(e) sans faire attention à moi.]

MÉFIANCE

➤ Confiance, page 103

o Je me méfie de lui.

o Je suis méfiant(e).

o Je ne lui fais pas confiance.

PEUR

o J'appréhende son retour.

o Je ne suis pas rassuré(e).

o Je préfère ne pas regarder.

o Je redoute ses critiques.

o J'ai peur.

o Je suis anxieux / terrifié / épouvanté.

o Ça me fait peur / me panique / me terrorise.

o C'est angoissant / épouvantable / terrifiant.

o Je panique.

o C'est la panique.

o J'ai été pris(e) de panique.

o Je crains qu'il ne soit pas d'accord.

✳ Il en a été quitte pour la peur. / Il a eu plus de peur que de mal. [= Il a eu peur mais s'en est sorti sans dommage.]

✳ Il tremble de peur. [= Il a très peur.]

✳ Elle a eu une peur bleue. [= Elle a eu très peur.]

✳ J'ai eu une de ces frousses / trouilles. [= J'ai eu (très) peur.]

REGRET

o C'est regrettable !

o C'est (vraiment) dommage !

o Dommage ! / Hélas ! / Malheureusement !

o Quel dommage !

o Il est dommage qu'il ne puisse pas venir.

o Je regrette que ce ne soit pas possible.

o Je suis désolé(e) de ne pas la voir.

o C'est bête / idiot / stupide !

• Je déplore cette situation.

• C'est con !

➤ Protester, pages 155 et 169

REPROCHE

➤ Protester, page 155

➤ Reprocher, page 154

SE REPROCHER QUELQUE CHOSE

o J'ai eu tort.

o J'ai honte.

o J'ai des regrets / des remords.

o J'aurais dû / Je n'aurais pas dû accepter sa proposition.

o J'aurais mieux fait de rester à la maison.

o Si j'avais su, j'y serais allé(e).

o J'ai fait une bêtise.

o Que je suis bête !

• Que je suis con(ne) !

SOULAGEMENT

o Ça me calme / tranquillise.

o Je suis rassuré(e) / soulagé(e) / tranquillisé(e).

o Tant mieux.

6

- *Ouf !*
- ✖ *On l'a échappé belle. / On a eu chaud.* [= On a évité un danger.]

SURPRISE

- *Ah bon ? / Vraiment ?*
- *Tiens ! / Oh !*
- *C'est étonnant / surprenant.*
- *Ce n'est pas croyable !*
- *Pas possible ?*
- *Ça alors !*
- *Ça m'étonne / me surprend.*
- *Comment ?*
- *Incroyable !*
- *Je n'aurais jamais cru / imaginé ça (de sa part).*
- *Je suis étonné(e) / surpris(e) / stupéfait(e).*
- *Quelle surprise !*
- *Vous plaisantez ?*
- ✖ *Il est resté bouche bée.* [= Il est resté la bouche ouverte de surprise.]
- ✖ *Je n'en crois pas mes yeux.*
- • *Quoi ? / Hein ?*
- • *C'est une blague ? / Sans blague ?*
- • *C'est pas vrai ?*
- • *J'en reviens pas.*
- • *Tu rigoles / déconnes ?* [= Tu te moques de moi, c'est pas vrai ?]

TRISTESSE

EXPRIMER SA PEINE

- *C'est malheureux / désolant / affligeant.*
- *J'ai de la peine.*
- *C'est un grand malheur.*
- *Quel malheur !*
- *Cela m'attriste / me désole / me peine.*
- *J'éprouve du chagrin / de la tristesse / de l'amertume.*
- *Ça me fait de la peine.*
- *Il est peiné / triste / inconsolable.*

➤ Lors d'un décès, page 38

SE CONSOLER

- *Ça me console.*
- *C'est rassurant.*
- *Ça me réconforte.*

➤ Soulagement, page 107

CONSOLER / RÉCONFORTER

➤ Rassurer, page 120

- *Ça arrive à tout le monde.*
- *Ça va passer.*
- *Ce n'est pas grave.*
- ✖ *Elle lui remonte le moral.* [= Elle le / la réconforte.]

RELATIONS SENTIMENTALES

AMITIÉ

- *C'est un ami / une amie.*
- *Je suis un ami / une amie de Tristan.*
- *C'est un copain / une copine.*
- *Je l'estime beaucoup.*
- *Je la respecte.*

○ *Je l'aime beaucoup.*

○ *Je l'aime bien.*

[Attention, je t'aime est une déclaration d'amour tandis que je t'aime beaucoup fait référence à de l'amitié et je t'aime bien à de l'estime.]

○ *J'ai beaucoup d'affection pour lui.*

○ *J'ai de l'amitié / de l'estime / du respect pour elle.*

● *C'est un pote.* *[pote = copain]*

AMOUR

DÉCRIRE DES RELATIONS ENTRE DEUX PERSONNES

○ *Ils flirtent.*

○ *Ce n'est qu'un flirt.*

○ *Ils sont ensemble.*

○ *Ils sortent ensemble.*

○ *Il est amoureux. / Elle est amoureuse.*

○ *Ils sont tombés amoureux (l'un de l'autre).*

○ *Il est passionné.*

○ *C'est son amant / sa maîtresse.* *[Ces deux termes sont maintenant moins employés.]*

PRÉSENTER SON PARTENAIRE

○ *C'est mon ami / mon petit ami / mon compagnon / mon mari.*

○ *C'est mon amie / ma petite amie / ma compagne / ma femme.*

○ *C'est mon époux / mon épouse.*

○ *C'est mon copain / ma copine.*

● *C'est son mec / sa nana.*

● *C'est sa meuf.* *[meuf = femme / petite amie]*

Attention, si vous dites «Je suis allé(e) au cinéma avec mon ami(e)», on comprendra **mon petit ami / ma petite amie.**
Alors qu'**un ami** ou **une amie** ne sous-entendent que de l'amitié.
Par contre, **mon ami Christian** ou **mon amie Frédérique** sont ambigus et peuvent être employés dans les deux cas.

EXPRIMER L'ATTIRANCE

○ *Elle est attirante.*

○ *Il est séduisant.* *[Attention, ne signifie pas charmant qui veut dire adorable.]*

○ *Elle me plaît.*

○ *Il m'attire.*

○ *Elle a du charme.*

DÉCLARER SES SENTIMENTS

○ *Vous me plaisez (beaucoup).*

○ *Je t'aime.*

● *Je vous aime.*

DONNER DES PETITS NOMS

○ *Mon amour.*

○ *Mon chéri / Ma chérie.* *[S'emploient moins souvent qu'autrefois.]*

Attention, les Français n'hésitent pas à employer certains noms d'animaux comme : **mon lapin / mon canard / mon poussin / mon chat...**

PASSER À L'ACTE

○ *Donnez-moi un baiser.*

● *Embrasse-moi.*

● *J'ai envie de toi.*

Pour la suite, demandez à un Français ou à une Française !

6

Sentiments

🔊 **PISTE 41** <u>LE VOYAGE À TAHITI</u>

ANTOINE	- C'est génial. J'ai gagné un voyage à Tahiti !
FRANCINE	- Pas possible ! C'est super ! Qu'est-ce que t'as fait pour le gagner ?
ANTOINE	- J'ai participé à un concours radiophonique, et voilà...
FRANCINE	- Je t'envie ! Tu ne veux pas m'emmener avec toi ?
ANTOINE	- Désolé. La place est déjà prise.
FRANCINE	- Ah oui ? Et tu pars avec qui ?
ANTOINE	- Avec Sophie.
FRANCINE	- Sophie Duquesne ?
ANTOINE	- Oui.
FRANCINE	- C'est ta nouvelle copine ?
ANTOINE	- Non, mais elle pourrait le devenir.
FRANCINE	- Je vois.

➤ Jalousie / Joie / Surprise, pages 105, 106, 108

🔊 **PISTE 42** <u>DÉPRIME</u>

PASCALE	- Salut, Brigitte. Ça va ?
BRIGITTE	- Ça pourrait aller mieux.
PASCALE	- Qu'est-ce qui t'arrive ?
BRIGITTE	- J'ai le cafard depuis que Marc est en stage à Londres.
PASCALE	- Ce n'est pas la fin du monde. Il revient quand ?
BRIGITTE	- Le mois prochain.
PASCALE	- Allez, courage ! Un mois, c'est vite passé.

➤ Déprime, page 104

🔊 **PISTE 43** INQUIÉTUDE

MME GUÉRIN - Ah, Paul ! Te voilà ! Je suis inquiète pour Sophie, elle n'est pas encore rentrée.

M. GUÉRIN - Elle est très en retard ?

MME GUÉRIN - Elle devrait être là depuis une heure.

M. GUÉRIN - Arrête de te faire du mauvais sang ! Tu te fais beaucoup trop de souci pour elle. C'est une grande fille maintenant.

MME GUÉRIN - Tiens ! J'entends son pas dans l'escalier.

M. GUÉRIN - Tu vois, j'avais raison. Tu es rassurée maintenant ?

MME GUÉRIN - Ah, te voilà ! Où étais-tu ?

SOPHIE - Je suis allée chez Noémie. Elle voulait me montrer sa nouvelle guitare.

MME GUÉRIN - Tu aurais pu me prévenir ! Le téléphone, ça existe !

➤ Inquiétude / Soulagement, pages 105, 107

🔊 **PISTE 44** PROMOTION

GEORGETTE - Vous savez, il paraît qu'Alexandre, le nouveau, est devenu l'adjoint de Favier, le directeur du marketing.

SIMONE - Ça alors ! Dites donc, M. Musil doit être fou de rage.

GEORGETTE - Je vous crois. Il était vert de jalousie. Avec ses 15 ans d'ancienneté, voir ce petit pistonné* lui passer devant... Vous imaginez ?

SIMONE - Bien sûr. Je n'aimerais pas être à sa place.

GEORGETTE - Quand même, je n'aurais jamais cru Favier capable de faire ça.

* quelqu'un qui obtient un poste grâce à ses relations

➤ Jalousie, page 105

🔊 **PISTE 45** COLLÈGUES

MARC - Vraiment sympa, ce Thierry !

YAN - Quel Thierry ?

MARC - Celui de la com*.

YAN - Moi, je ne le sens pas. Je ne lui fais pas confiance. Je pense qu'il serait prêt à vendre père et mère pour avoir une promotion.

MARC - Ah, oui ? Pourtant, il m'a proposé de l'aide pour le dossier Lambert.

YAN - Méfie-toi ! Il doit être encore en train de préparer quelque chose. Il ne fait rien gratuitement.

* communication

➤ Méfiance, page 107

PAUL	- Alors, tes vacances ?
GÉRARD	- Mes vacances ? Pas terribles ! Je me suis ennuyé à mourir : je me suis cassé la jambe le premier jour.
PAUL	- Oh, mon pauvre ! Pas de bol* !
GÉRARD	- J'ai donc dû rester au chalet sans rien faire.
PAUL	- Aïe ! Aïe ! Aïe ! C'est sûr que ce ne devait pas être génial pour toi.
GÉRARD	- Des vacances comme ça, j'en veux plus. Et les tiennes, au fait ?
PAUL	- Pour moi, c'était vraiment chouette ! J'en suis ravi !
GÉRARD	- On dirait !
PAUL	- Moi qui suis un trouillard** de première, j'ai fait du saut à l'élastique et, encore mieux, j'ai rencontré une femme extraordinaire. Tu imagines ?
GÉRARD	- Oui, je vois ! Et quand est-ce que tu me la présentes ?

* pas de chance
** peureux

➤ Contentement / Mécontentement / Peur, pages 103, 106, 107

6

SYLVIE	- Salut, Cécile ! Alors, quoi de neuf ?
CÉCILE	- Une sale nouvelle.
SYLVIE	- Ah, oui ? Quoi ?
CÉCILE	- Figure-toi que j'ai travaillé pendant tout ce temps sur ma thèse et voilà que mon directeur de recherche a eu le culot* de publier un article qui est la copie intégrale d'un de mes chapitres et de le signer de son nom.
SYLVIE	- C'est pas vrai ? Et qu'est-ce que tu vas faire maintenant ?
CÉCILE	- Qu'est-ce que tu veux que je fasse ? Je n'ai plus que mes yeux pour pleurer. Ça me dégoûte de travailler avec des gens comme ça. C'est révoltant !

* l'audace

➤ Indignation / Révolte, page 105

OPINION - PENSÉE

7

Je me demande ce que je dois faire...

OPINION
PENSÉE

7

7. Opinion - Pensée

POINT DE VUE

DEMANDER SON AVIS À QUELQU'UN

➤ Interroger / Questionner, page 140

o Quel est votre point de vue ?
[point de vue = avis]

o À votre avis, est-ce que c'est intéressant ?

o J'aimerais avoir votre avis.

o Pouvez-vous m'expliquer pourquoi il a fait cela ?

o Qu'en pensez-vous ?

o Qu'est-ce que vous en dites ?

o Quelle est votre opinion ?

o Vous êtes d'accord avec moi ?

o Vous pensez que c'est bien ?

o Vous croyez que ça en vaut la peine ?

DONNER SON AVIS

➤ Exprimer une appréciation / Préférence, page 86

o À mon avis, c'est le premier le meilleur.

o D'après moi, il repartira en juin.

o En ce qui me concerne, je n'aime pas la chasse.

o Il me semble que l'autre est plus clair.

o J'ai l'impression qu'il va pleuvoir.

o Je pense / trouve / crois qu'il exagère.

o J'estime que c'est inutile.

o Pour ma part, je préfère le train.

o Si vous voulez mon avis, il vaut mieux s'arrêter là.

o Ça ne m'étonnerait pas qu'il y ait de la neige à Noël.

✱ Elle a une idée fixe.
[= Elle a une idée obsessionnelle.]

✱ Il se fait des idées.
[= Il imagine quelque chose de faux.]

PARTAGER UN POINT DE VUE

o C'est aussi mon avis.

o Nous sommes du même avis.

o Je pense comme vous.

o Je suis de votre avis.

o Je suis (entièrement) d'accord avec vous.

● Nous sommes en tous points d'accord.

APPROUVER UN POINT DE VUE EN ÉMETTANT DES RÉSERVES

➤ Exprimer le doute, page 118

➤ Exprimer la possibilité, la probabilité, page 118

o C'est bien possible.

o Je n'ai rien contre.

o Peut-être bien.

o *Je suis partiellement /
en partie d'accord.*

• *Ça se peut.*

• *Mouais...*

ADOPTER UNE POSITION NEUTRE

o *Ça m'est égal.*

o *Ça n'a pas d'importance.*

o *Peu importe.*

APPROBATION

DEMANDER À QUELQU'UN SON APPROBATION

o *C'est bien comme ça ?*

o *J'ai bien fait, non ?*

o *D'accord ?*

EXPRIMER SON APPROBATION

o *Bien entendu. / Bien sûr.*

o *C'est vrai. / Évidemment.*

o *Vous avez bien fait.*

o *Vous avez (bien) raison.*

o *Bien sûr que oui.*

o *Absolument. / Effectivement. /
En effet. / Exactement. /
Tout à fait.* [à la place de oui]

o *C'est ça.*

✕ *Mon supérieur m'a donné
le feu vert.* [= Mon supérieur
m'a donné l'autorisation.]

✕ *Elle nous donne carte blanche.*
[= Elle nous laisse agir comme nous
le souhaitons.]

EXPRIMER SA DÉSAPPROBATION

o *Je ne partage pas votre avis.*

o *Il désapprouve notre décision.*

o *Nous n'avons pas
la même opinion.*

o *Je ne suis pas d'accord.*

o *Ce n'est pas vrai.*

o *Absolument pas.*

o *Bien sûr que non.*

• *Je suis hostile
à cette proposition.*

→ Si vous voulez être plus direct :

o *Vous avez tort !*

o *Vous plaisantez ?*

o *Vous vous trompez.*

o *Hors de question !*

• *Il a tout faux.*

• *Quelle drôle d'idée !*

• *Tu rigoles ?*

• *Et puis quoi encore ?*

✕ *Il se met le doigt dans l'œil.*
[= Il se trompe.]

✕ *Elle est à côté de la plaque.*
[= Elle se trompe totalement.]

DÉSAPPROUVER DE MANIÈRE ATTÉNUÉE

o *Ce n'est pas sûr.*

o *Je me le demande.*

o *Je ne suis pas tout à fait
d'accord.*

o *Pas vraiment. / Pas tout à fait.*

o *Pas toujours.*

o *Je n'en suis pas si sûr(e).*

7

EXPRIMER UNE CONDITION

- J'accepte à condition
  que vous baissiez le prix.
- Nous pouvons signer le contrat
  si vous êtes d'accord.
- Si j'avais les moyens, je ferais
  ce voyage avec vous.
- À moins d'avoir un empêchement,
  je serai présent(e) à la réunion.

CERTITUDE

EXPRIMER LA CERTITUDE

- C'est évident / clair /
  sûr / certain !
- Il n'y a pas de doute.
- J'en suis certain(e) /
  sûr(e) / persuadé(e).
- Je vous assure.
- Sans aucun doute.

[Attention, contrairement aux apparences, sans doute, certainement et sûrement n'expriment qu'une forte probabilité : Je viendrai sans doute vous voir demain (si c'est possible). Si vous voulez exprimer une certitude, vous pouvez utiliser sans aucun doute.]

- ✘ J'en mettrais ma main à couper.
  [= J'en suis sûr(e).]
- ✘ J'en mets ma main au feu.
  [= J'en suis sûr(e).]

EXPRIMER LE DOUTE

- C'est vrai ?
- Vous en êtes sûr(e) ?
- Ça dépend.
- Pas forcément.
- J'hésite.
- J'ai un doute. / J'en doute.
- Je ne suis pas convaincu(e).
- Je n'en suis pas (si) sûr(e).
- Je suis sceptique.
- Je n'y crois pas trop.
- C'est douteux.
- À ce qu'il paraît, elle aura
  une augmentation.
- Pas possible !

→ Pour exprimer un doute plus fort,
vous pouvez utiliser :

- C'est surprenant.
- Ça m'étonnerait !

ÉVENTUALITÉ

EXPRIMER LA POSSIBILITÉ, LA PROBABILITÉ

- C'est (bien) possible.
- Il est (bien) possible
  que cela se soit passé ainsi.
- C'est une possibilité.
- C'est une éventualité.
- Il n'est pas impossible
  qu'il dise la vérité.
- Il se pourrait bien qu'il neige.
- Éventuellement. / Peut-être.
- C'est faisable.
- C'est probable.
- Probablement.
- Il est probable qu'il viendra.
- Sans doute.
- Peut-être bien que oui.

- *Y a des chances qu'il pleuve ce soir.* [y a des chances = il est possible]
- *Ça se peut.*

→ **Vous pouvez aussi utiliser le verbe devoir :**

- *Il n'est pas encore arrivé, il doit être malade.* [il doit être = j'imagine que]

EXPRIMER L'IMPOSSIBILITÉ

➤ Exprimer la certitude, page 118
➤ Exprimer le doute, page 118

- *Ce n'est pas possible.*
- *C'est impossible.*
- *C'est exclu.*
- *C'est hors de question.*
- *Il y a peu de chances que cela arrive.*
- *C'est improbable.*
- *C'est peu probable.*

CONSEIL

DEMANDER UN CONSEIL

➤ Demander son avis à quelqu'un, page 116
➤ Déconseiller, page 120

- *J'ai besoin d'un conseil.*
- *Je me demande ce que je dois faire.*
- *Je voudrais que vous me donniez votre avis.*
- *Je voudrais vous demander un conseil.*
- *Que me conseillez-vous de faire ?*

- *À ma place, que feriez-vous ?*
- *Vous avez une suggestion ?*
- *Qu'est-ce que vous feriez à ma place ?*
- *T'as une idée ?*

DONNER UN CONSEIL

➤ Donner son avis, page 116

- *Il vaudrait mieux / faudrait partir tôt.*
- *Je vous conseille de prendre vos billets à l'avance.*
- *Je vous recommande le menu.*
- *Vous devriez dormir plus.*
- *À votre place, je prendrais le TGV.*
- *Si j'étais vous, je partirais aux Antilles.*
- *Y a qu'à prendre le bus.* [y a qu'à = il n'y a qu'à]
- *T'as qu'à lui dire que tu étais malade.* [t'as qu'à = tu n'as qu'à]
- *Je serais toi, je lui dirais la vérité.*
- *Tu ferais mieux de te taire.*
- *Rien ne t'empêche d'aller le voir.*
- *Si tu veux un conseil, arrête de fumer.*

→ **Vous pouvez aussi utiliser l'impératif (attention à l'intonation, ne soyez pas trop directif !) :**

- *Si vous avez mal aux dents, allez chez le dentiste !*
- *Prenez le métro, c'est plus rapide !*

→ **Et vous pouvez utiliser l'indicatif :**

- *C'est bien simple, vous téléphonez et vous prenez rendez-vous avec le docteur.*

7

DÉCONSEILLER

- Ce n'est pas la peine.
- Ça n'en vaut pas la peine.
- Je ne vous le conseille / recommande pas.
- Vous ne devriez pas accepter.
- Ce serait bête de faire ça.

METTRE EN GARDE

- Attention !
- Faites (bien) attention !
- Je vous préviens que la route est verglacée.
- Méfiez-vous. Ce virage est dangereux.
- Soyez prudent(e).
- Fais gaffe ! [= Fais attention !]

RASSURER

➤ Promettre, page 116
➤ Promettre / Rassurer, page 168

- Ça va aller.
- Ça va s'arranger !
- Ce n'est rien.
- Pas de problème.
- Ne vous en faites pas. [= Ne vous inquiétez pas.]
- Vous pouvez compter sur moi. [= Vous pouvez avoir confiance en moi.]
- Comptez sur moi !
- Ne t'inquiète pas !
- T'inquiète !
- Tu vas voir, ça va marcher.

SOUVENIR

➤ Rappeler quelque chose à quelqun'un, page 139
➤ Rappeler quelque chose, page 169

SE SOUVENIR

- Je me rappelle ma visite à Rome.
- Je me souviens de son arrivée.
- Je ne l'oublierai pas.
- Ça me rappelle quelque chose.
- Il se remémore les élections.
- Elle évoque sa jeunesse.
- J'ai un vague souvenir de cette histoire.
- Il a une mémoire visuelle / sensorielle / auditive.
- Elle a une mémoire d'éléphant. [= Elle a une très bonne mémoire.]

NE PAS SE SOUVENIR

- Je ne me rappelle pas.
- Je ne m'en souviens pas.
- Ça ne me dit rien. [Attention cette expression peut signifier aussi je ne sais pas ou je n'en ai pas envie.]
- Il perd la mémoire.
- Elle a tout oublié de notre histoire.
- J'ai la mémoire qui flanche.
- Tu n'as pas la mémoire des dates.
- Il a la mémoire courte. [= Il oublie vite.]
- J'ai eu un trou de mémoire. [= Je ne m'en suis pas souvenu.]
- Ça lui entre par une oreille, ça lui sort par l'autre. [= Il ne mémorise rien.]

Opinion – Pensée

PISTE 48 MICRO - TROTTOIR

LE JOURNALISTE	- Monsieur, pensez-vous que l'équipe de France de rugby remporte le prochain Mondial ?
UN SPORTIF	- Oui, bien sûr !
LE JOURNALISTE	- Et vous ?
UN PASSANT	- Je suis d'accord avec monsieur, ce sont les meilleurs.
LE JOURNALISTE	- Mesdames, pensez-vous que l'équipe de France de rugby remporte le prochain Mondial ?
UNE VENDEUSE	- C'est probable.
1RE CLIENTE	- J'en doute, les Australiens sont très forts.
2DE CLIENTE	- Moi, je ne sais pas. Je m'en fiche* complètement.
LE JOURNALISTE	- Monsieur, pensez-vous que l'équipe de France de rugby remporte le prochain Mondial ?
UN CYCLISTE	- Je n'y crois pas trop. Je suis sceptique.

* ça ne m'intéresse pas

➤ Donner son avis, page 116

PISTE 49 BACCALAURÉAT

PATRICE	- Francis, tu penses que tu auras ton bac* ?
FRANCIS	- Mais oui, papa, tu vas voir. Ça va marcher.
PATRICE	- Je suis un peu inquiet pour toi ; tu n'as pas vraiment révisé les maths**.
FRANCIS	- T'en fais pas, j'ai un bon niveau.
PATRICE	- Mouais. J'espère que tu as raison.

* baccalauréat : examen de fin d'études secondaires avant l'entrée à l'université
** mathématiques

➤ Rassurer, page 120

M. VERDON	- Il est possible que j'aille à Paris le week-end prochain. C'est la première fois. Que me conseillez-vous ?
M. LAMBERT	- En cette saison, il faut que vous preniez des vêtements chauds.
M. VERDON	- Oui.
M. LAMBERT	- Emportez aussi un imperméable et un parapluie !
M. VERDON	- Oui, et quoi d'autre ?
M. LAMBERT	- Si j'étais vous, je ne prendrais pas l'avion, il est toujours en retard.
M. VERDON	- Ah, bon ?
M. LAMBERT	- Oui. Et là-bas, faites attention à votre portable ! Il y a beaucoup de vols en ce moment.
M. VERDON	- Ah, oui ?
M. LAMBERT	- Oui, oui. Méfiez-vous !
M. VERDON	- Bon, je vous remercie mais je crois que je vais rester à Toulouse. C'est plus sûr.

➤ Conseil, page 119

🔊)) **PISTE 51** <u>LECTURES</u>

LÉA	- Je n'ai plus rien à lire. Qu'est-ce que tu lis en ce moment ?
AMÉLIE	- Je viens de finir le dernier Eifel. Il est pas mal.
LÉA	- Eifel ?
AMÉLIE	- Arsène Eifel. Ne me dis pas que tu ne connais pas.
LÉA	- Ça me dit quelque chose. Mais je n'ai pas la mémoire des noms.
AMÉLIE	- Tu ne te souviens pas de lui ? C'est l'auteur du roman que je t'ai prêté l'été dernier, *La mémoire des sources*. Tu l'avais bien aimé, je crois.
LÉA	- Ah, oui ! Je me rappelle maintenant, ça se passait en Grèce. C'était vraiment bien. Et son dernier livre, tu crois qu'il me plairait ?
AMÉLIE	- À ta place, je lirais plutôt son tout premier, *Souvenirs en cascades*. C'est l'histoire d'une princesse égyptienne qui se réveille au XXIe siècle. Je te le conseille, il y a tout ce que tu aimes : passion, aventures, suspense et c'est plutôt bien écrit.
LÉA	- Tu crois ?
AMÉLIE	- Fais-moi confiance !
LÉA	- D'accord. Tu me le passes ?
AMÉLIE	- Mais je ne l'ai pas et il est épuisé. Tu ne le trouveras plus en librairie. Va à la bibliothèque !

➤ Conseil / Souvenir, pages 119, 120

LÉO	- Bon, c'était très réussi cette crémaillère. Votre nouvelle maison est super. Mais je dois partir maintenant. J'ai de la route à faire. Comment je rejoins la rocade Ouest ? Je reprends le même chemin à l'envers ?
TONY	- Oui, c'est le plus sûr.
LÉO	- C'est bien possible, mais ça me fait faire un sacré détour. Y a pas plus court ?
TONY	- Tu peux prendre la D25 à la sortie du village. Mais méfie-toi, la route est souvent verglacée la nuit.
LÉO	- T'inquiète pas. Je ferai gaffe ! Allez, au revoir.
TONY	- Salut, rentre bien !
MYRIAM	- Au revoir ! Sois prudent !

➤ Conseil, page 119

7

VOLONTÉ

8

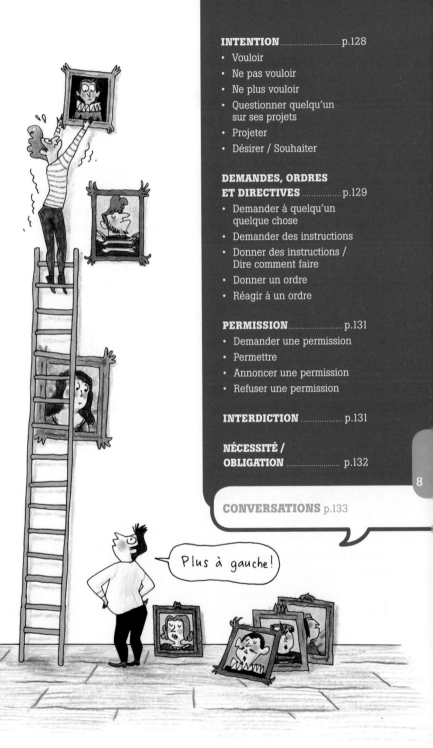

VOLONTÉ

8

Plus à gauche!

8. Volonté

INTENTION

VOULOIR

→ Si ça ne dépend que de vous :
- J'ai décidé d'arrêter de fumer.
- Je tiens à partir le plus rapidement possible.
- Je veux suivre un cours d'informatique.
- Je souhaite déménager.

→ Si ça ne dépend pas de vous :
- Je voudrais que vous m'écoutiez cinq minutes.
- J'aimerais qu'il vienne vite.
- Je souhaite qu'il fasse beau.

NE PAS VOULOIR
- Je ne veux pas arriver en retard.
- Je ne voudrais pas vous gêner.
- Je n'ai pas l'intention de me laisser faire.
- Je n'ai pas envie de faire cette activité.
- Je ne tiens pas à me retrouver seul(e) avec lui.
- ✱ Il l'a fait de mauvaise grâce / bon gré mal gré. [= il l'a fait sans en avoir envie.]
- ✱ Elle le fait à contrecœur. [= Elle le fait contre son gré / contre sa volonté.]

NE PLUS VOULOIR
- Je n'ai plus envie de le voir.
- Je n'ai plus l'intention de partir.
- Je ne tiens plus à obtenir ce poste.
- Plus question de partir.
- Il se désintéresse de la photographie.
- Elle se détourne de sa passion pour le sport.
- ✱ Je laisse tomber. [= J'abandonne.]

QUESTIONNER QUELQU'UN SUR SES PROJETS
- Qu'est-ce que vous envisagez de faire ?
- Que comptez-vous faire ?
- Quelles sont vos intentions / objectifs / projets ?
- Qu'est-ce que vous pensez faire ?
- Où est-ce que vous aimeriez aller en vacances ?
- Qu'est ce que tu nous prépares ? [À quelqu'un qui fait quelque chose secrètement.]
- Quels sont tes plans ? [plans = projets]
- Tu veux faire quoi plus tard ?

PROJETER
- J'ai l'intention de partir à l'étranger.
- J'envisage de changer de travail.

- *Je compte (bien)*
  avoir une explication.
- *Mon objectif, c'est de devenir*
  avocat(e).
- *Je pars / Je vais partir à Bruxelles*
  dans un mois.
- *Je passerai sans doute*
  dans la soirée.

➤ Exprimer la certitude, page 118

DÉSIRER / SOUHAITER

➤ Espérance, page 104

- *J'ai (bien / très) envie*
  d'aller à la plage.
- *J'ai hâte d'arriver.*
- *Je souhaite un meilleur travail.*
- *Pourvu qu'il ne pleuve pas*
  dimanche !
- *Tout ce que je souhaite,*
  c'est que vous soyez heureux.
- *Vivement le week-end !*
- *Si seulement il réussissait*
  son bac ! [bac = baccalauréat]
- *Elle désire changer de vie.*
- *Tu veux quoi*
  pour ton anniversaire ?
- *J'en ai trop envie !*

→ **Avec la marque de l'incertitude**
  ou de la politesse :
- *Vous désirez ?*
- *J'aimerais (bien) qu'on fasse*
  le tour du monde tous les deux.
- *Je souhaiterais (tellement)*
  le rencontrer.
- *Je voudrais que vous veniez*
  avec moi.
- *Je voudrais bien me joindre*
  à vous. [Attention, je voudrais bien
  peut signifier que ce n'est pas possible.]

DEMANDER À QUELQU'UN
DE FAIRE QUELQUE CHOSE

➤ Demander de l'aide, page 15
➤ Demander de l'aide ou un conseil, page 66

- *Cela ne vous dérange pas*
  de garder les enfants ce soir ?
- *Pourriez-vous avancer un peu,*
  s'il vous plaît ?
- *Pouvez-vous me dire*
  où se trouve la photocopieuse ?
- *Vous pourrez le faire pour lundi ?*
- *Est-ce que vous pourriez*
  me remplacer demain,
  si ça ne vous dérange pas ?
- *Pourriez-vous avoir la gentillesse*
  de ne pas fumer ici ?
- *Auriez-vous l'amabilité*
  de m'ouvrir la porte ?
- *Tu pourras / peux me prêter*
  ta bagnole / caisse, s'il te plaît ?
  [bagnole, caisse = voiture]

DEMANDER DES INSTRUCTIONS

8

- *Qu'est-ce que je dois faire ?*
- *Comment est-ce que ça*
  fonctionne ?
- *Qu'est ce que je dois faire ?*
- *Je commence par quoi ?*
- *Comment ça marche ce truc /*
  bidule ? [truc / bidule = chose]
- *Je fais quoi /comment ?*
- *Tu m'expliques ?*
- *C'est quoi le mode d'emploi ?*
- *Comment je m'y prends ?*

DONNER DES INSTRUCTIONS / DIRE COMMENT FAIRE

○ Il faut que vous alliez au guichet n° 6.

○ Pour téléphoner, il faut une carte / un code.

○ Vous n'avez qu'à prendre le métro.

○ Vous devez remplir ce formulaire.

○ Moins / Plus haut !

○ Pas si haut !

○ Plus à gauche !

○ Moins de jaune sur le portrait !

○ Pas si vite !

○ Demandez à la réception !

○ Suivez cette rue !

○ Ne bougez pas !

[Ces trois dernières expressions sont à l'impératif, donc attention à ne pas adopter un ton autoritaire pour ne pas en faire des ordres.]

○ C'est simple, vous remplissez cette fiche et vous l'envoyez.

○ Il suffit d'appuyer sur ce bouton.

○ Vous prendrez deux pilules avant chaque repas.

● Y a qu'à téléphoner et commander. [y a qu'à = il n'y a qu'à]

● T'as qu'à écrire la lettre. [t'as qu'à = tu n'as qu'à]

→ Dans les recettes ou les modes d'emploi :

○ Brancher l'appareil.

○ Sélectionner la température.

○ Redémarrez l'ordinateur.

○ Ajoutez cent grammes de beurre !

○ Laissez reposer la pâte.

● Mélange les ingrédients.

DONNER UN ORDRE

○ Il faut le faire.

○ Je vous demande de venir demain à 9h.

○ N'oubliez pas de m'appeler quand vous aurez la réponse.

○ Millet, vous passerez me voir dans mon bureau.

● Allez, file / passe / donne-moi ton stylo !

● Dépêche-toi !

● Y a intérêt à ce que tu ranges tes affaires. [y a = il y a]

→ Pour plus d'autorité :

○ C'est un ordre !

○ On ne discute pas !

○ Un point c'est tout !

● Obéis !

RÉAGIR À UN ORDRE

→ Si vous êtes favorable :

○ Ce sera fait.

○ Comptez sur moi.

○ Parfait !

○ Sans problème !

○ Bien sûr !

● OK.

● Tes désirs sont des ordres.

→ Si vous n'êtes pas favorable :

○ Non, je ne le ferai pas.

○ Vous n'avez pas à me donner des ordres !

○ Jamais de la vie !

✖ Il me demande la lune. [= Il demande une chose impossible.]

● Tu peux toujours rêver / courir !

DEMANDES, ORDRES ET DIRECTIVES

PERMISSION

DEMANDER UNE PERMISSION

- *Est-ce que je peux / pourrais emprunter ce livre ?*
- *Ce serait possible de venir demain ?*
- *Vous permettez que je fume ?*
- *Ça ne vous dérange pas si mon mari / ma femme vient avec moi ?*
- *Ça ne vous ennuie pas si je reste encore un peu ?*
- *Serait-il possible d'ouvrir la fenêtre ?*
- *Je voulais vous demander si je pouvais partir plus tôt.*
- *Ça t'embête pas de rester plus longtemps ?*

PERMETTRE

➤ Accepter, pages 31, 168

- *Bien sûr que oui.*
- *Mais bien sûr.*
- *D'accord.*
- *Je vous en prie.*
- *Vas-y !*
- *OK.*
- *Pas de problème.*

ANNONCER UNE PERMISSION

- *Elle est d'accord.*
- *J'ai obtenu son accord.*
- *J'ai sa permission / son autorisation.*
- *On m'a autorisé(e) à assister à cette réunion.*

REFUSER UNE PERMISSION

➤ Refuser, page 31

- *(C'est) Non !*
- *Pas question ! / Hors de question !*
- *C'est impossible.*
- *Permission refusée !*
- *Je ne vous autorise pas à utiliser mon ordinateur.*
- *Je suis désolé(e) mais ce n'est pas possible.*
- *Je regrette mais les bureaux sont fermés.*
- *Vous ne pouvez pas consulter ce document.*
- *La loi ne vous permet pas de construire ici.*
- *Ça me dérange.*

INTERDICTION

- *Interdiction de me déranger !*
- *Il ne faut pas le déranger.*
- *Vous n'avez pas le droit d'agir ainsi.*
- *Vous ne devez pas rester ici.*
- *Je ne veux pas que vous arriviez en retard.*
- *Je vous interdis / défends de me parler sur ce ton.*
- *N'en parlez pas !*
- *Fais pas ça !*

Sur un panneau, un écriteau, vous pouvez lire :
- *Il est interdit de parler au conducteur*
- *Entrée interdite*
- *Propriété privée – Défense d'entrer*
- *Ne pas marcher sur les pelouses*
- *Prière de ne pas faire de bruit après 22 h*

8

NÉCESSITÉ / OBLIGATION

○ *C'est nécessaire /*
   obligatoire / indispensable.

○ *Il est important qu'il vienne.*

○ *Il est temps de partir.*

○ *Il faut (absolument)*
   que vous finissiez ce travail.

○ *J'ai besoin de votre réponse*
   immédiatement.

○ *Je dois refuser cette proposition.*

○ *Je suis obligé(e) de m'en aller.*

○ *On m'a obligé(e) à me taire.*

→ Avec une nuance d'excuse,
   vous pouvez ajouter :

○ *Je n'ai pas le choix.*

○ *Je ne peux pas faire autrement.*

○ *Il n'y a pas le choix.*

● *Je suis contraint(e) d'accepter.*

✖ *Il faut en passer par là.*
   [= On n'a pas le choix.]

● *Pas moyen de faire autrement.*

● *Tu vois d'autres solutions ?*

✖ *J'étais coincé(e), je ne pouvais*
   pas y échapper. *[= J'étais obligé(e),*
   je n'avais pas le choix.]

Volonté

Je souhaite un meilleur travail...

🔊 **PISTE 53** PROJETS DE VACANCES

MME QUENTIN	- Qu'est-ce que vous comptez faire pour les prochaines vacances ?
MME POIRET	- Mon mari a l'intention de suivre un stage de tennis au Cap d'Agde. Pour ma part, j'envisage de partir à l'île Maurice.
MME QUENTIN	- Ah, bon ! Vous ne partez pas ensemble ?
MME POIRET	- Si, si. À l'île Maurice, certainement. Et vous, que faites-vous ?

➤ Projeter, page 128

🔊 **PISTE 54** CONSIGNES

M. HUSSEIN	- Bonjour, je viens d'arriver dans la société et je voudrais aller au laboratoire L 54, s'il vous plaît.
LE VIGILE	- Vous avez votre badge ?
M. HUSSEIN	- Oui, le voilà.
LE VIGILE	- D'abord, il faut que vous preniez l'ascenseur C pour le 3ᵉ étage. Là, vous devez aller au fond du couloir, à gauche, pour accéder au bâtiment B. Vous présenterez votre badge au vigile qui se trouve dans la loge. Si vous ne le voyez pas, n'hésitez pas à frapper à la vitre : il est quelquefois dans la pièce du fond. Quand vous serez dans le bâtiment B, le laboratoire L 54, c'est la 2ᵉ porte à droite. N'oubliez pas de faire votre code personnel sur le digicode ! ... Vous avez tout noté ?
M. HUSSEIN	- Oui, c'est clair. Mais vous n'avez pas un plan ?

➤ Donner des instructions / Dire comment faire, page 130

8

◀)) **PISTE 55** RECETTE POUR UNE BONNE JOURNÉE

Pour avoir une bonne journée, il faut que vous mélangiez de la patience, de la bonne volonté, de la prudence, de la tolérance et beaucoup d'espoir. Ensuite, ajoutez de la bonne humeur, de la sympathie et du sourire ! Enfin, assaisonnez avec de bonnes actions !
Pour avoir de bons résultats, ce cocktail est à consommer tous les jours à jeun.

➤ Donner des instructions / Dire comment faire, page 130

◀)) **PISTE 56** SORTIE

CAROLINE - Papa, je peux aller au cinéma avec Sylvie, ce soir ?

MAURICE - Je regrette, mais tu as cours demain. Je ne veux pas que tu te couches tard.

CAROLINE - Mais Sylvie a eu la permission.

MAURICE - Pas question ! Sylvie, c'est Sylvie. Toi, c'est toi.

CAROLINE - Mais papa...

MAURICE - Ça suffit. Ne discute pas. C'est comme ça.

CAROLINE - Y en a marre. C'est toujours la même chose.

MAURICE - J'ai dit non et c'est non. Et parle-moi autrement !

➤ Permission, page 131

8

ÉCHANGES
ARGUMENTATION

9

ÉCHANGES
ARGUMENTATION

9

Laissez-moi vous expliquer ! ...

Mais ne le répétez à personne !

9. Échanges - Argumentation

CONVERSER

ENGAGER LA CONVERSATION

➤ Garder la parole, page 146

- J'ai quelque chose à vous dire.
- Je ne vous dérange pas ?
- Je peux vous demander quelque chose, s'il vous plaît ?
- Je peux vous parler ?
- Écoutez, il faut que je vous dise quelque chose.
- Dis donc, je voulais te demander une chose.

AMORCER UNE HISTOIRE

- Il faut que je vous raconte.
- J'ai quelque chose à vous raconter.
- Vous ne savez pas ce qui m'est arrivé ?
- J'ai un truc à te dire.
- Je t'ai pas raconté ?
- Tu connais la dernière / la meilleure ?

ANNONCER UNE NOUVELLE

- Il paraît qu'Antoine va se marier.
  [il paraît que = j'ai entendu dire que]
- J'ai une bonne / mauvaise nouvelle à vous annoncer.

- Figurez-vous que Stéphane a démissionné.
- Vous savez / saviez que nous allons déménager ?
- Vous êtes au courant que Pierre arrive demain ?
- Vous connaissez la nouvelle ?

→ Si vous voulez dire que vous plaisantez :

- C'est une blague / une plaisanterie.
- Je plaisante.
- C'est pour rire !

FAIRE UNE CONFIDENCE

- Je peux vous confier quelque chose / un secret ?
- Je vais vous dire une chose mais ne le dites / répétez à personne !
- J'ai quelque chose à vous dire, mais soyez discret(e).
- J'ai une confidence à vous faire.
- Il lui a parlé discrètement / secrètement.
- Je ne peux rien dire, désolé(e) c'est un secret.
- ✖ Motus et bouche cousue !
  [Pour demander à quelqu'un de garder un secret]
- ✖ Elle est muette comme une tombe. [= Elle est capable de garder un secret.]

INCITER À LA DISCUSSION

- *Oui ?*
- *C'est à quel sujet ?*
- *Je peux vous aider ?*
- *Vous désirez ?*
- *De quoi s'agit-il ?*
- *Qu'est-ce que vous vouliez me dire ?*
- *Allez, raconte !*

DEMANDER UNE CONFIRMATION

- *C'est vrai ?*
- *Vous parlez sérieusement ?*
- *C'est pas une blague ?*
- *Tu rigoles ?*
- *Tu déconnes ?*

→ **Pour demander si c'est d'accord :**
- *C'est entendu ?*
- *C'est toujours d'accord ?*
- *Vous me rappelez / téléphonez pour confirmer ?*
- *Envoyez-moi un e-mail / un message pour confirmer !*

CONFIRMER

- *C'est entendu.*
- *Je vous confirme notre rendez-vous.*
- *Je vous rappelle pour confirmer notre entretien.*
- *Comme convenu, je vous envoie mes coordonnées.*
- *C'est OK pour demain.*
- *D'accord.*

RAPPELER QUELQUE CHOSE À QUELQU'UN

➤ Souvenir, page 120
➤ Rappeler quelque chose, page 169

- *Je vous rappelle que vous êtes invité(e) demain.*
- *N'oubliez pas que vous avez un rendez-vous à 8 h.*
- *N'oubliez pas votre rendez-vous !*
- *Tu te souviens que nous allons au théâtre ce soir ?*

FAIRE RÉFÉRENCE À QUELQUE CHOSE

➤ Annexer, page 169
➤ Accuser réception, pages 167, 173

- *À ce propos, / À ce sujet, je dois vous dire que la réunion est à 14 h.*
- *À propos de votre voyage, nous aurons une réponse demain.*
- *Quant à votre promotion, nous en discuterons plus tard.*
- *En parlant de ça, je dois vous dire que Pascale ne viendra pas.*
- *Dans ce livre, on parle des Droits de l'homme.*

ATTIRER L'ATTENTION SUR UN POINT

- *J'attire votre attention sur le fait que je n'ai pas encore été payé(e).*
- *Remarquez qu'il n'a rien promis.*
- *Je voudrais vous faire remarquer que c'est de ma responsabilité.*
- *N'oubliez pas que le rendez-vous est à 9 h.*

9

○ Justement, je voulais vous dire que le rendez-vous est annulé.

• Je te signale que tu n'as pas toujours dit ça.

FAIRE UNE DIGRESSION

○ À propos, vous avez lu l'article sur notre entreprise dans le journal ?

○ Au fait, vous avez des nouvelles du client ?

○ Ça me fait penser que M. Pierrot n'a pas confirmé sa venue.

○ Juste une parenthèse !

✳ Il est passé du coq à l'âne.
[= Il a changé brusquement de sujet.]

RECENTRER UNE DISCUSSION

○ Pour en revenir à la question.

○ Concentrons-nous sur l'essentiel !

○ Ne nous égarons pas !

○ Excusez-moi, mais vous vous éloignez du sujet.

✳ Revenons à nos moutons !
[= Revenons au sujet !]

INTERROGER / QUESTIONNER

➤ Informations, page 15

○ Qui est venu en mon absence ?

○ Qu'est-ce que vous regardez ?

○ Que faisait-il sur le pont ?

○ Avec quoi est-ce que vous écrivez ?

○ Où allez-vous ainsi ?

○ Quelle est la capitale du Pérou ?

○ Combien de personnes seront présentes ?

○ Quand partez-vous en vacances ?

○ Comment ça s'est passé ?

○ Pourquoi est-ce qu'elle est partie ?

○ Vous n'avez pas la recette de la blanquette de veau ?

✳ Il m'a posé une question piège.
[= Il m'a posé une question à laquelle il est difficile de répondre.]

RAPPORTER LES PAROLES D'UNE PERSONNE

○ Elle m'a dit qu'il viendrait dimanche.

○ Il m'a demandé si j'étais français(e).

○ Elle a voulu savoir si nous étions satisfaits.

○ Il m'a répondu qu'il ne pouvait rien faire.

→ Pour une certitude :

○ Elle affirme / assure / certifie / confirme qu'elle n'était pas là.

→ Pour une information :

○ Il nous a avertis / informés / prévenus / indiqué qu'il ne pourrait pas venir.

→ Pour une histoire :

○ Il m'a raconté comment elle avait réussi un tel exploit.

→ Pour un secret :

○ Il m'a confié / révélé qu'elle était amoureuse de Loïc.

→ Pour une explication :

○ Il nous a expliqué / précisé comment aller à la plage.

→ Si c'est officiel :
o *Elle a annoncé / déclaré
que M. Dupont serait candidat
aux élections présidentielles.*

→ Si la personne parle fort :
o *Il s'est exclamé
que c'était un scandale.*
o *Elle lui a crié de faire attention.*

→ Si la personne parle bas :
o *Il lui a chuchoté / murmuré
qu'il l'aimait.*

DEMANDER DE PARLER MOINS FORT

o *Moins fort, je n'entends rien.*
o *Ne parlez pas si fort !*
o *Pourriez-vous parler moins fort ?*
• *Baisse d'un ton !*

SE TAIRE

DEMANDER DE SE TAIRE

o *Un peu de silence,
s'il vous plaît !*
o *Chut ! / Silence !*
• *Tais-toi !*
• *Ferme-la !*
• *Ta gueule ! / Vos gueules !*
[= Tais-toi ! Taisez-vous ! (grossier)]

CONSERVER LE SILENCE

o *Je ne me prononce pas.*
o *Elle n'a pas dit un mot.*
o *Il n'a rien rétorqué.*
[= Il n'a rien répondu.]
✱ *Elle n'a pas soufflé / pipé mot.*
[= Elle a gardé le silence.]

COMPRENDRE

S'ASSURER QU'ON EST COMPRIS

o *C'est clair ?*
o *D'accord ?*
o *Vous comprenez (ce que je veux
dire) ?*
o *Vous voyez ?*
• *Tu piges ?*

DIRE QU'ON A COMPRIS

o *C'est clair.*
o *J'ai compris. / Je comprends.*
o *Pas de problème.*
• *J'ai pigé.*

DIRE QU'ON N'A PAS COMPRIS

→ Si vous avez mal entendu :
o *Je n'ai pas (bien) compris.*
o *Pardon ?*
o *Comment ?*
o *Pourriez-vous parler plus fort !*
o *Vous pouvez répéter ?*
o *Excusez-moi, je n'ai pas compris.*
• *Le quoi ? / Le combien ?*
• *Qui ça ?/ Comment ça ? /
Où ça ? / Quand ça ?*

→ Si vous ne comprenez pas un mot :
o *Je ne comprends pas ce mot.*
o *Qu'est-ce que ça veut dire /
ça signifie ?*
o *Pourriez-vous parler
plus lentement / moins vite ?*
• *Quoi ? / Hein ?*

9

FAIRE PRÉCISER UNE IDÉE, UN MOT

S'ASSURER D'UN PROPOS

- C'est-à-dire ?
- Vous pouvez préciser ?
- Vous avez bien dit que … ?
  [Vous répétez les paroles de votre interlocuteur.]
- Si j'ai bien compris, …
- Qu'est-ce que vous voulez dire (par là) ?
- Soyez plus explicite !

DEMANDER DES PRÉCISIONS SUR UN MOT

- Comment ça se prononce ?
- Comment est-ce qu'on dit … en français ?
- Comment peut-on traduire … ?
- Vous pouvez épeler ?
- Ça s'écrit comment ?
- Que veut dire ce mot … ?

PRÉCISER / RECTIFIER

- À vrai dire, elle est plutôt mécontente.
- Je pensais le faire en un quart d'heure. En fait, c'est beaucoup plus long.
- Je croyais qu'elle était anglaise ; en réalité, elle est australienne.
- En d'autres termes, vous n'êtes pas satisfait.
- Je voulais dire que c'est très important.

S'EXPLIQUER

➤ Se justifier, page 157

- Laissez-moi vous expliquer !
- Je me suis mal exprimé(e).
- Ce n'est pas ce que je voulais dire.
- Je crois que je n'ai pas été assez clair(e).
- Par là, je voulais dire que la situation est critique.
- Ce que je voulais dire, c'est que nous ne pouvons pas continuer ainsi.
- T'as pas compris ce que j'ai dit.

ARGUMENTER

➤ En réunion, page 145

GÉNÉRALISER

- En général, les Français mangent beaucoup de pain.
- D'une façon générale, en Europe, les marchandises circulent librement.
- En règle générale, on peut voter à 18 ans.
- Tout le monde aime la musique.

INSISTER

- Mais si !
- Si, si !
- Je vous assure.
- (Si,) Je te le dis.

NUANCER UN PROPOS

- *À dire vrai, ce n'est pas un cyclone, c'est plutôt une tempête.*
- *C'est beaucoup dire.*
- *Ce n'est pas aussi simple.*
- *Il ne faut pas généraliser.*
- *Il ne faut rien exagérer.*
- *Il est vrai que ce cas est compliqué.*

HÉSITER

- ✳ *J'ai ce mot sur le bout de la langue.* [Quand un mot que vous connaissez vous manque.]
- • *Ben…*
- • *Euh !*
- • *C'est-à-dire que…*

EXPRIMER SA CONNAISSANCE

- *Je connais cette situation.*
- *Je (le) sais.*
- *J'en ai été informé(e).*

EXPRIMER SA MÉCONNAISSANCE

- *Je n'en ai pas la moindre idée.*
- *Je n'en sais rien.*
- *Je ne la connais pas.* [à propos d'une personne]
- *Je ne sais pas (du tout).*
- *Je l'ignore.*
- *Aucune idée.*

EXPRIMER UNE ALTERNATIVE

- *Il y a plusieurs possibilités.*
- *D'un côté, il y a l'offre, de l'autre, la demande.*
- *Ou on reste, ou on va au cinéma.*
- *Dans ce magasin, ou bien c'est cher, ou bien c'est de mauvaise qualité.*
- *On partira soit en Provence, soit en Bretagne.*

AJOUTER UNE IDÉE

- *De plus, / En plus, cela coûte très cher.*
- *Par ailleurs / D'autre part, il faut parler des préparatifs.*
- *Non seulement il a accepté notre offre, mais encore il a déjà passé commande.*
- *D'une part, il faut qu'on lise la proposition, d'autre part nous devons y répondre.*
- • *Outre l'attestation de réussite, faites-nous parvenir votre CV.* [CV = curriculum vitae]
- • *En outre, cela me semble important.*

JUSTIFIER SON POINT DE VUE

- *Justement.*
- *Ça prouve que j'ai raison.*
- *La preuve, c'est que tout le monde m'a soutenu(e).*

CONTREDIRE

➤ Exprimer sa désapprobation, page 117

- *En réalité, la situation s'est améliorée.*
- *Contrairement à ce que vous pensez, les résultats sont meilleurs.*
- *Ça n'empêche pas que le bilan est négatif.*

9

- *C'est faux !*
- *C'est vite dit.*
- *L'un n'empêche pas l'autre.*

NIER

- *Non, ce n'est pas vrai.*
- *Il ment.*
- *Elle nie être responsable d'une telle situation.*
- *Je ne nie pas qu'il soit venu.*
- *C'est une situation qu'on ne peut nier.*

EXPRIMER UNE CAUSE

- *Étant donné les circonstances, il faut s'attendre à tout.*
- *En raison des travaux, nous ne pouvons pas travailler.*
- *Reposons-nous un peu puisque nous sommes en avance.*
- *Il viendra parce qu'il le faut.*
- *Comme c'est férié, ce magasin est fermé.*
- *Ce n'est pas parce qu'il ne dit rien qu'il ne faut rien faire.*

EXPRIMER UNE CONSÉQUENCE

- *Il a une forte grippe. Alors, il est resté chez lui.*
- *Elle veut se perfectionner en informatique. C'est pourquoi elle suit un stage.*
- *Il est pompier. Il prend donc des risques tous les jours.*
- *Il neige ; par conséquent, il faut être prudent sur la route.*
- *Le bus n'est pas passé. C'est pour ça que je suis en retard.*

EXPRIMER UNE CONCESSION

- *Bien que la discussion ait duré, rien n'a été décidé.*
- *C'est une bonne solution, toutefois / cependant / néanmoins elle coûte trop cher.*
- *Même s'il nous aide, on ne finira pas à temps.*
- *Il a tout pour être heureux, pourtant il est dépressif.*
- *Il a dépassé l'âge de la retraite ; malgré ça, il continue à travailler.*
- *Elle s'est cassé la jambe, mais / néanmoins elle conduit quand même.*
- *Elle est venue en dépit de / malgré la tempête.*
- *Il a eu beau travailler, il n'a pas réussi l'examen.*

EXPRIMER UN BUT

- *Rappelez-moi pour que / afin que je n'oublie pas notre rendez-vous.*
- *Je suis ici afin de / dans le but de / pour vous parler du dossier Chine.*
- *J'ai beaucoup révisé en vue de mon examen.*
- *On va boire un verre, histoire de bavarder un peu.*

EXPRIMER UNE OPPOSITION

- *Elle a un bon salaire mais la vie est très chère ici.*
- *Il fait très beau ici ; par contre, il pleut sur la côte nord.*

- *Il est pessimiste. En revanche /
  Par contre, son frère est très
  optimiste.*
- *Il voudrait qu'on parte en Chine
  alors que je préfèrerais le Japon.*
- *Contrairement aux attentes,
  ils sont venus.*
- *Au lieu d'étudier, il regardait
  la télévision.*

EN RÉUNION

➤ Converser, page 138
➤ Argumenter, page 142

COMMENCER UN EXPOSÉ,
UNE DISCUSSION

- *Aujourd'hui, nous allons discuter
  des résultats des ventes.*
- *La baisse des ventes
  est à l'ordre du jour.*
- *Durant cette réunion,
  nous allons parler du bilan
  trimestriel.*

ORDONNER UN EXPOSÉ,
UNE DISCUSSION

POUR COMMENCER

- *(Tout) d'abord, / En premier
  lieu, / Premièrement, /
  Dans un premier temps,
  je vais vous présenter
  la situation.*
- *Je voudrais que nous
  commencions par discuter
  du bilan.*
- *Le premier point à l'ordre du jour
  est le cahier des charges.*

POUR CONTINUER

- *Après, / Ensuite, / Puis
  je vais vous parler des causes
  de ce problème.*

POUR FINIR

- *Enfin, / Pour finir,
  nous étudierons le cas Schmidt.*
- *En dernier lieu, je vais vous
  parler des conséquences.*

CONCLURE

- *En conclusion, / Pour conclure,
  je vous invite à consulter
  ce dossier.*
- *Par conséquent, nous devons
  prendre des mesures.*
- *En définitive, la situation
  est stable.*
- *En fin de compte, / Finalement,
  vous vous occuperez du dossier
  de M. Durant.*
- *Je crois que nous avons tout dit.*

RÉSUMER

- *En résumé, / En somme, /
  Bref, les résultats sont
  satisfaisants.*
- *Pour résumer la situation, nous
  devons agir le plus rapidement
  possible.*

CHANGER DE SUJET

- *Je n'ai rien à ajouter.*
- *Passons à autre chose.*
- *Passons au point suivant.*

9

ÉVITER DE RÉPONDRE

- Il est vrai que ce cas est compliqué.
- Effectivement, il faut s'en occuper.
- Je comprends que vous disiez cela.

→ Pour gagner du temps :
- C'est une remarque très intéressante.
- Vous venez de soulever un point important.
- Je vous remercie de me poser la question.
- Je vous laisse y réfléchir.

→ Pour remettre à plus tard :
- Il me semble que ça vaut la peine d'y réfléchir.
- Ce n'est pas le sujet du jour.
- Ce n'est pas la priorité.
- Nous avons d'autres urgences.
- Il nous faudrait d'autres renseignements.
- On verra ça plus tard.
- Nous y verrons plus clair le mois prochain.

GARDER LA PAROLE

- Vous permettez que je termine ?
- Laissez-moi parler / terminer / finir.
- Je peux continuer / finir ?
- Tu m'écoutes / Tu permets ?

DONNER LA PAROLE

- Et vous, qu'en pensez-vous ?
- La parole est à Mme Roland.
- Y a-t-il des questions ?
- C'est à vous.
- J'attends vos questions.

INTERVENIR DANS UN ÉCHANGE

- Je demande la parole.
- Désolé(e) de vous interrompre, mais je voudrais ajouter un point.
- Je voudrais intervenir.
- Je voudrais juste dire un mot.
- Si je puis me permettre, il n'a pas encore accepté.
- Il lui a coupé la parole.
  [= Il a interrompu quelqu'un.]

9

Échanges – Argumentation

🔊 **PISTE 57** J'AI UN TRUC À TE DIRE

CLAUDE   - Ah, Alain ! Tu connais la meilleure ?

...

CLAUDE   - Alain, je peux te parler ?

ALAIN   - Un moment, je suis occupé.

CLAUDE   - Je voudrais juste te dire un mot.

ALAIN   - Chut !

CLAUDE   - J'ai quelque chose d'important à te dire.

ALAIN   - Tais-toi. Tu ne vois pas que je finis mon rapport
pour la direction ?

CLAUDE   - Justement. Figure-toi que le projet est abandonné.
Tu peux t'arrêter.

➤ Inciter à la discussion, page 139

🔊 **PISTE 58** L'INTERROGATOIRE

EMMA   - On peut savoir à quelle heure tu es rentré cette nuit ?

GILLES   - À deux heures du matin, je crois.

EMMA   - Et qu'est-ce que tu faisais dehors à une heure pareille ?

GILLES   - Je revenais de la discothèque.

EMMA   - Et tu étais avec qui ?

GILLES   - Avec Sophie.

EMMA   - Sophie ? Qui est-ce ?

GILLES   - Une collègue de travail.

EMMA   - Ah, bon ! Et que font ses parents ?

GILLES   - Mais maman, tu exagères ! J'ai trente-deux ans, quand même !

➤ Interroger / Questionner, page 140

🔊 **PISTE 59** CONFIDENCES

DANS LE HALL DE L'IMMEUBLE

M. HERNANDEZ - Ah ! Bonjour Mme Lepic.

MME LEPIC - Bonjour M. Hernandez. Quel beau temps, n'est-ce pas ?

M. HERNANDEZ - Oui, c'est bien agréable.

MME LEPIC - Mais la météo dit qu'il va pleuvoir demain.

...

M. HERNANDEZ - Dites donc ! Je ne vois plus votre voisin de palier,
M. Demange. Il n'est pas malade au moins ?

MME LEPIC - Mais non, il est en voyage, quelque part en Italie. Je peux
vous confier un secret ? Je compte sur votre discrétion.
Vous ne le répéterez à personne ?

M. HERNANDEZ - Vous pouvez me faire confiance.

MME LEPIC - Il a rencontré une jeunette, une Italienne d'une trentaine
d'années et il paraît qu'ils vont se marier.

M. HERNANDEZ - Ce doit être la belle brune qui était avec lui
quand je les ai croisés dans l'escalier, l'autre jour.
Il n'a pas mauvais goût, Demange.

MME LEPIC - Oh ! M. Hernandez !

M. HERNANDEZ - C'est notre voisine, Mme Decœur, qui va être déçue.

MME LEPIC - Oh ! Vous êtes mauvaise langue, M. Hernandez.

M. HERNANDEZ - Oui, une vraie langue de vipère.

MME LEPIC - Bon, c'est pas tout. Il faut que je vous laisse. J'ai mes courses
à faire. Mais motus et bouche cousue, hein ?

M. HERNANDEZ - Je serai muet comme une tombe. Bonne journée, Mme Lepic.

➤ Faire une confidence, page 138

🔊 **PISTE 60** ALORS ?

KEVIN - Alors ? Qu'est-ce qu'elle te voulait la DRH ?

JULIE - Rien de spécial, c'était pour mon évaluation annuelle.

KEVIN - Mais qu'est-ce qu'elle t'a dit ? Je suis curieux de le savoir.

JULIE - D'abord elle m'a félicitée parce que j'avais déjà atteint
mes objectifs pour cette année.

KEVIN - Bravo !

JULIE - Ensuite, elle m'a demandé ce que je pensais de l'ambiance
de travail au bureau. J'ai répondu que tout allait bien.

KEVIN - Hypocrite !

JULIE - Après, elle a voulu savoir si j'avais des problèmes relationnels
avec certains collègues. je lui ai assuré qu'à part avec toi
je n'avais aucune difficulté.

KEVIN - Menteuse !

JULIE - Je plaisantais.

KEVIN - Et tu lui as demandé une augmentation de salaire ?

JULIE - Non, mais elle m'a confié que j'étais en bonne place
pour les mesures individuelles l'année prochaine.

KEVIN - Mouais, rien de concret alors !

JULIE - On verra si tu te débrouilles mieux que moi. C'est bientôt
ton tour, non ?

➤ Rapporter les paroles d'une personne, page 140

🔊 PISTE 61 UN ÉTRANGER À PARIS

MARIA - Faites attention, monsieur, votre sac à dos est ouvert.

UN TOURISTE - Comment ?

MARIA - Votre sac à dos est ouvert.

UN TOURISTE - Je ne comprends pas. Vous pouvez répéter ?

MARIA - Votre sac à dos. Il est ouvert.

UN TOURISTE - Mon quoi ?

MARIA - Votre sac. Il est ouvert.

ELLE MONTRE LE SAC

UN TOURISTE - Tout vert ? Qu'est-ce que ça veut dire ?

ANNIE - Allez viens, Maria, laisse tomber !

➤ Comprendre, page 141

🔊 PISTE 62 FERMETURE DE LA BIBLIOTHÈQUE

CAROLINE - Vous connaissez la dernière ? La municipalité va fermer
la bibliothèque du quartier.

JULES - C'est pas vrai ?

JÉRÔME - Pourquoi ?

CAROLINE - Politique d'économie. Il paraît qu'elle n'est pas assez fréquentée.

JULES - Ça ne m'étonne pas. J'ai entendu dire qu'ils vont en fermer d'autres.
Il faut qu'on fasse quelque chose. S'ils continuent comme ça,
on n'aura bientôt plus rien dans ce quartier. Ils ont déjà fermé
la piscine.

SYLVAIN - Désolé de vous interrompre, mais on a du travail ! Hein ?
Et si on revenait à nos moutons ?

➤ Annoncer une nouvelle, page 138

9

DISCUSSIONS
DISPUTES

DISCUSSIONS DISPUTES

10

10. Discussions – Disputes

PROTESTER / REPROCHER

➤ Mécontentement, page 106

➤ Reproche, page 107

→ Notez que, dans les situations de ce chapitre, il est très fréquent d'utiliser des tournures très familières voire grossières telles que *Ça m'emmerde* !

EXPRIMER SON ÉTONNEMENT

Si vous voulez exprimer un reproche de façon atténuée ou polie, montrez de l'étonnement.

S'ÉTONNER D'UNE SITUATION

○ *C'est incroyable / invraisemblable.*

○ *C'est la première fois que je vois une chose pareille !*

○ *C'est la meilleure ! / Je rêve !*
 [Contrairement aux apparences, ces deux phrases expriment un étonnement agacé, renforcé par l'intonation.]

○ *C'est pas croyable / pas possible !*

○ *C'est pas vrai, ça !*

S'ÉTONNER DE L'ATTITUDE DE QUELQU'UN

○ *Je m'étonne de votre attitude.*

○ *Je ne comprends pas comment vous pouvez dire cela.*

○ *De quel droit me donnez-vous des ordres ?*

○ *Qu'est-ce qui vous prend ?*

○ *Ça vous fait rire ?*

● *Votre comportement me déçoit.*

● *Ça va pas la tête ?*

● *T'es pas bien ?*

● *T'es ouf ! [= T'es fou !]*

EXPRIMER UNE CONTRARIÉTÉ

○ *Ce n'est pas très intelligent.*

○ *Il ne manquait plus que ça !*

○ *C'est absurde !*

● *Ça m'emmerde. [très grossier]*

✻ *Ça me casse les pieds.*

REPROCHER

○ *J'ai un reproche à vous faire.*

○ *Vous n'avez pas à dire des choses pareilles !*

○ *Vous auriez pu me le dire avant.*

○ *Vous auriez dû m'en parler.*

○ *Si vous m'aviez dit ça avant, je ne lui aurais pas écrit.*

○ *Vous avez eu tort de partir sans elle.*

○ *Je vous en veux.*
 [Pour dire que l'on est fâché.]

✻ *Il s'est fait remonter les bretelles.*
 [= Il a reçu des reproches.]

● *Je ne peux admettre que vous vous comportiez ainsi.*

● *Tu aurais mieux fait de te taire.*

● *Tu exagères !*

PROTESTER

➤ Protester, page 169

- o C'est très grave.
- o Je proteste.
- o Ne vous gênez pas !
- o Pour qui vous prenez-vous ?
- • Tu te moques de moi !
- • Tu te fiches / fous du monde !
  [tu te fiches / fous = tu te moques]
- • Tu prends les gens
  pour des cons ! [grossier]
- • Tu es pénible / insupportable.
- • Tu m'énerves.
- ✖ Arrête de me prendre la tête !
  [= Arrête de m'énerver !]

EXPRIMER SON EXASPÉRATION

- o C'est lamentable /
  insupportable / scandaleux !
- o C'est un scandale !
- o C'est une honte !
- o Il m'exaspère.
- o Je trouve ça scandaleux.
- • Je ne tolère pas que vous me
  parliez sur ce ton.
- • Merde !
- • Tu m'emmerdes !
- • Tu fais chier !

[Ces trois expressions sont très grossières.]

- ✖ Tu me tapes sur le système !
  [= Tu m'exaspères.]

→ Si la situation est inacceptable :
- o C'est inacceptable !
- o C'est inadmissible !
- o C'est un comble !
- o Vous dépassez les bornes.

→ En cas de bruit :
- o C'est insupportable.
- o C'est pas bientôt fini ce vacarme ?
- o Arretez ce chahut !
- • Arrête ce boucan ! [boucan = bruit]

→ En cas de prix très élevé :
- o Mais c'est du vol.
- • C'est de l'arnaque !

→ Si quelqu'un fait mal
  quelque chose :
- o Ce n'est pas sérieux !
- o Il n'y a vraiment pas de quoi
  être fier.
- • Je suis (profondément) déçu
  par votre travail.

→ Si un fait se répète :
- o C'est toujours la même chose.
- o C'est toujours moi
  qui fais ce travail.
- o Je vous ai déjà dit plusieurs fois
  de ne rien poser par terre.
- • Ça fait trois fois que je te dis
  de ranger tes affaires.

→ Pour mettre fin à une situation :
- o J'en ai assez.
- o Je commence à en avoir assez !
- o Ça suffit !
- o Dans ces conditions,
  je m'en vais !
- o C'est comme ça. Un point
  c'est tout !
- • C'est pas bientôt fini ?
- ✖ J'en ai par-dessus la tête.
  [= J'en ai assez.]
- • J'en ai marre.
- ✖ J'en ai ras le bol. [= J'en ai vraiment
  assez.]

10

EXPRIMER SON IMPATIENCE

o *Ça fait une demi-heure qu'on attend ! Qu'est-ce qu'il se passe ?*

o *Vous ne pourriez pas vous dépêcher ?*

o *Dépêchez-vous !*

o *C'est pour aujourd'hui ou (c'est) pour demain ?*

✳ *On ne va pas y passer la nuit !* [= Il n'y a pas de temps à perdre !]

● *Grouille-toi !*

● *Alors, ça vient ?*

● *Qu'est-ce que tu fabriques / fais / fiches ?*

● *Qu'est-ce que tu fous ?* [grossier]

→ **Vous pouvez répondre :**

o *Un moment / Un instant, s'il vous plaît.*

● *Une seconde !*

● *Ça va. J'arrive.*

● *Une minute. J'arrive.*

✳ *Minute, papillon !* [= Rien ne presse.]

✳ *Y a pas le feu !* [= Inutile de se presser.]

RENDRE QUELQU'UN RESPONSABLE

o *C'est vous le responsable.*

o *C'est à cause de vous.*

o *C'est vous qui avez fait ça.*

o *C'est (de) votre faute.*

→ **Demander réparation d'un dommage :**

o *Remettez tout en ordre !*

o *Assumez vos responsabilités !*

✳ *Vous devez payer les pots cassés.* [= Vous devez payer les dégâts.]

MENACER

o *Ne refaites plus jamais ça !*

● *Ne recommence plus !*

● *Tu vas voir.*

● *Tu me cherches ?*

✳ *Tu vas t'en prendre une.* [= Tu vas te prendre une claque.]

SE DÉBARRASSER DE QUELQU'UN

o *Laissez-moi tranquille !*

● *Fiche-moi / Fous-moi la paix !*

● *Débarasse-moi le plancher !*

● *Fiche-moi le camp ! / Dégage !* [= Pars !]

INJURIER / INSULTER

Il est rare de prononcer un mot insultant seul, comme **Idiot !** ou **Imbécile !** Les Français utilisent souvent de petits mots auparavant tels que **espèce de...**, **pauvre...**, **petit...** que vous pouvez compléter comme vous le voulez.

→ **Vous insultez quelqu'un pour son manque d'intelligence :**

o *C'est (complètement) débile / stupide.*

✳ *Il n'a pas inventé l'eau chaude.* [= Il est stupide.]

✳ *Elle n'a pas inventé le fil à couper le beurre !* [= Elle est stupide.]

● *Pauvre mec !*

● *T'es le roi / la reine des imbéciles.*

● *T'es vraiment un crétin.*

● *Espèce d'abruti / d'imbécile.*

● *C'est (vraiment) con.*

10

- *T'es conne ! / Petit con ! / Gros con !*

→ Vous insultez quelqu'un à cause de son comportement :
- *Quel sale type !*
- *Quelle ordure !*
- *Quel salaud !*
- *Quelle salope !*
- *Quel fumier !*

CALMER

- *Allons !*
- *Du calme.*
- *Calmez-vous !*
- *Restez calme !*
- *Écoutez, ne vous énervez pas !*
- *Ça va !*
- ✖ *Mollo !* [= Doucement.]

SE DÉFENDRE

DEMANDER DES ÉCLAIRCISSEMENTS

- *Qu'est-ce que vous me reprochez ?*
- *Qu'est-ce que j'ai fait (de mal) ?*

CONTESTER DES PAROLES

➤ Exprimer sa désapprobation, page 117
- *Ce n'est pas ça.*
- *Je n'ai jamais dit que je ferai ce travail.*
- *Ce n'est pas vrai.*
- *C'est un mensonge !*
- *Tu mens !*

REJETER LA RESPONSABILITÉ

- *Ce n'est pas moi.*
- *Je ne suis pas responsable.*
- *Ce n'est pas (de) ma faute.*
- *Je n'y suis pour rien.*
- *Vous m'aviez dit que vous étiez d'accord.*
- *C'est vous qui m'avez dit de le faire.*

SE JUSTIFIER

➤ S'expliquer, page 142
- *Je ne l'ai pas fait exprès.*
- *Je pensais que c'était une bonne idée.*
- *J'essayais simplement de vous aider.*
- *J'ai cru bien faire.*
- *Je n'avais pas l'intention de vous causer du tort.*

→ Si vous n'aviez pas le choix :
- *Je n'ai pas pu faire autrement.*
- *J'ai été obligé(e) de le faire.*
➤ Nécessité / Obligation, page 132

SIGNIFIER À QUELQU'UN QUE CELA NE LE CONCERNE PAS

- *C'est mon affaire. / C'est mon problème.*
- *Ça me regarde. / Ça ne vous regarde pas.*
- *Occupez-vous de vos affaires.*
- *De quoi je me mêle ?*
- *Mêle-toi de tes affaires.*
- ✖ *Ce ne sont pas / C'est pas tes oignons.* [= Ce ne sont pas tes affaires.]

10

DIRE QU'ON N'EST PAS CONCERNÉ

- Ça ne me concerne pas.
- Ça ne me regarde pas.
- Ce n'est pas mon problème.
- Ce ne sont pas mes affaires.
- J'en ai rien à faire.
- ✻ C'est pas mes oignons.
  [= Ce ne sont pas mes affaires.]

S'EXCUSER

RECONNAÎTRE SES TORTS

- Je suis responsable.
- C'est moi le responsable.
- C'est (de) ma faute.
- J'ai eu tort.

DEMANDER PARDON

➤ S'excuser, page 169

➤ Renouveler des excuses, page 170

- Pardon. [pour une petite chose sans importance ou pour attirer l'attention de quelqu'un]
- Je suis (vraiment) désolé(e).
- Je regrette.
- Excusez-moi.
- Toutes mes excuses.

- Veuillez m'excuser.
- Je suis navrée.
- Je vous prie de m'excuser. Je vous garantis que cela ne se reproduira plus.
- Pardonne-moi. [dans un cas grave]

PROPOSER UNE SOLUTION

- On va arranger ça.
- Je vais faire le nécessaire.
- Je vais voir ce que je peux faire.
- Nous allons résoudre le problème.
- Je vais trouver une solution.
- On va rattraper le coup.

➤ Promettre / Rassurer, page 168

EXCUSER / PARDONNER

- C'est oublié.
- Ça ne fait rien.
- Ce n'est pas (bien) grave.
- Ce n'est rien.
- Ce n'est pas (de) votre faute.
- Ne vous en faites pas ! Vous êtes pardonné(e).
- Je vous en prie. [pour une excuse légère]
- ✻ Je passe l'éponge. [= J'oublie ça.]

10

Discussions - Disputes

🔊 **PISTE 63** RETARD

OLIVIER	- Ah ! Te voilà ! Tu as vu l'heure ? Ça fait une demi-heure que je t'attends !
ÉMILIE	- Excuse-moi, mais le téléphone a sonné au moment où je sortais.
OLIVIER	- Ouais. Tu as toujours de bonnes excuses. C'est la deuxième fois que tu me fais le coup cette semaine. J'en ai ras-le-bol !
ÉMILIE	- Calme-toi ! Ce n'est pas si grave. Je suis là.
OLIVIER	- On voit bien que ce n'est pas toi qui te gèles dans la rue.

➤ Reprocher / Calmer / S'excuser, pages 154, 157, 158

🔊 **PISTE 64** RAPPORT

LE DIRECTEUR	- Desmarais, vous pouvez venir dans mon bureau ?
M. DESMARAIS	- Oui, monsieur le directeur.
LE DIRECTEUR	- Desmarais, j'ai un reproche à vous faire.
M. DESMARAIS	- … ?
LE DIRECTEUR	- Je m'étonne de ne pas avoir reçu le rapport Schmidt. Vous me l'aviez promis pour lundi.
M. DESMARAIS	- C'est que… Je n'y suis pour rien.
LE DIRECTEUR	- Comment ça ?
M. DESMARAIS	- M. Hubert, de la comptabilité, me l'a repris. Il m'a dit que vous l'en aviez chargé.
LE DIRECTEUR	- J'ai dit ça ? Ah, bon ! Eh bien… merci, Desmarais.
M. DESMARAIS	- Au revoir, monsieur le directeur.

➤ Reprocher, page 154

10

🔊 **PISTE 65** RÉCONCILIATION

SERGE — Allô, Hélène ?

...

SERGE — Hélène, je voulais m'excuser pour hier soir.

...

SERGE — Je le sais, j'ai été odieux. Je regrette tout ce que je t'ai dit. Je ne le pensais pas. J'étais énervé à cause de tous ces problèmes au travail.

...

SERGE — Pardonne-moi. Notre amour ne peut pas finir comme ça.

...

SERGE — Hélène ! Réponds-moi ! Dis-moi quelque chose !

UNE DAME — Quel numéro demandez-vous ?

➤ S'excuser, page 158

🔊 **PISTE 66** DICTIONNAIRE

VÉRONIQUE — Ah ! Delphine, te voilà. Tu ne m'as toujours pas rendu le dictionnaire que je t'avais prêté le mois dernier !

DELPHINE — Oh ! Je suis désolée. Ça m'est complètement sorti de la tête*.

VÉRONIQUE — Tu exagères. J'en avais besoin pour préparer mes examens.

DELPHINE — Oh !

VÉRONIQUE — En plus, je t'ai laissé trois messages sur ton répondeur et tu ne m'as même pas rappelée. Tu te fiches du monde !

DELPHINE — Écoute ! Je suis vraiment désolée. Je ne savais pas que tu en avais besoin... Au fait, je suis contente de te voir. Je n'ai pas ma carte de crédit, tu pourrais me prêter 50 euros pour quelques jours ?

➤ Reprocher, page 154

* j'ai complètement oublié

10

MME DUVAL	- Excusez-moi ! Je crois que vous avez fait une erreur en me rendant la monnaie.
LA CAISSIÈRE	- ... ?
MME DUVAL	- Ça faisait 18,35 euros. Je vous ai donné un billet de 50 euros et vous ne m'avez rendu que 21,65 euros. Il manque 10 euros !
LA CAISSIÈRE	- Oh ! Je suis désolée. Voilà un billet de 10 euros.
MME DUVAL	- Décidément, c'est ma journée ! À la poissonnerie, le vendeur n'a pas respecté l'ordre d'arrivée dans la queue, à la caisse, vous commettez des erreurs ! Ça ne tourne pas rond dans ce magasin !
LA CAISSIÈRE	- Je suis désolée madame.
MME DUVAL	- Merci. Au revoir.

➤ Protester, page 155

🔊 **PISTE 68** <u>VOL</u>

L'HÔTESSE	- Je regrette, madame, mais il n'y a plus de place sur ce vol.
MME COHEN	- Comment ça? Mais j'ai mon billet depuis deux mois. C'est scandaleux ! C'est du délire !
L'HÔTESSE	- Nous pouvons vous proposer une place sur le prochain vol, à 18 h.
MME COHEN	- C'est hors de question ! Ça ne va pas se passer comme ça. Appelez-moi un responsable ! Depuis quand est-ce qu'on refuse à quelqu'un d'embarquer avec un billet ?
L'HÔTESSE	- Il fallait venir à l'enregistrement plus tôt.
MME COHEN	- Vous plaisantez ? Il y a encore des personnes derrière moi pour le même vol. Eux aussi ne partent pas ? Appelez-moi votre chef !
L'HÔTESSE	- Calmez-vous, madame ! Je vais voir ce que je peux faire.

➤ Protester, page 155

COMMUNICATION
ÉCRITE

11

COMMUNICATION ÉCRITE

11

11. Communication écrite

COURRIER PROFESSIONNEL OU ADMINISTRATIF

➤ Argumenter, page 142

➤ En réunion, page 145

Les lettres et courriels / e-mails commerciaux ou administratifs présentent peu de différences en français. Les formules de politesse sont souvent moins formelles dans les courriels.

Si vous écrivez au nom d'une société, utilisez **nous** plutôt que **je** (sauf si vous êtes concerné(e) personnellement).

S'ADRESSER AU DESTINATAIRE

Pour commencer une lettre vous choisirez la formule d'appel correspondant au destinataire. Et vous la répéterez en fin de lettre, dans la formule de salutation.

➤ Débuter une lettre / Conclure, page 171

➤ Saluer, page 170

→ Vous ne le connaissez pas :
○ *Madame, Monsieur,*

→ Vous ne connaissez que son nom ou sa fonction :
○ *Madame, / Monsieur,*
○ *Monsieur le Directeur, / Madame la Directrice,*
○ *Monsieur le Président, / Madame la Présidente,*

→ À un avocat ou à un notaire :
○ *Maître,*

→ Vous connaissez bien la personne, dans un courriel, ou pour une lettre commerciale, publicitaire :
○ *Cher Monsieur, / Chère Madame,*
○ *Cher Manuel, / Chère Valentine,*
○ *Bonjour,*

Si dans la même journée, vous envoyez plusieurs e-mails à une même personne, ne saluez que lors du premier courriel.

DEMANDER QUELQUE CHOSE

➤ Informations, page 15

○ *Je vous prie de (bien vouloir) renvoyer ce questionnaire à l'adresse indiquée ci-dessous.*
○ *Je vous demande de bien vouloir contacter notre client.*
○ *Nous vous serions reconnaissants de nous adresser ce document le plus rapidement possible.*
○ *Veuillez me contacter rapidement.*
○ *Vous voudrez bien nous faire parvenir votre réponse dans les meilleurs délais.*
○ *Nous vous prions de nous faire connaître votre décision.*

- *Nous vous serions obligé(e)s de prendre contact avec Mme Simon.*
- *Nous vous saurions gré de recevoir nos journalistes.*
- *Je vous prie d'avoir l'obligeance de nous répondre dans les meilleurs délais.*

INFORMER

> Informations, page 15

- *Je vous adresse ci-joint le formulaire d'inscription à notre club.*
- *Je vous fais part de la décision de M. Marlin.*
- *Nous devons vous informer de notre décision.*
- *Nous avons l'honneur de vous informer que votre candidature a été retenue.* [pour une information officielle]

→ **Pour annoncer une bonne nouvelle :**

- *Nous avons le plaisir de vous faire savoir que votre candidature a été sélectionnée pour l'entretien final.*
- *Nous avons le plaisir de vous annoncer l'accord de partenariat entre notre entreprise et la société Coco Khôlo.*
- *C'est avec plaisir que nous vous informons de l'attribution d'une bourse d'études.*

→ **Pour annoncer une mauvaise nouvelle :**

- *Nous avons le regret de vous informer que votre candidature n'a pas été retenue.*
- *Nous regrettons (vivement) de ne pas pouvoir donner suite à votre demande.*
- *Il nous est malheureusement impossible de vous répondre favorablement.*
- *Nous sommes dans l'impossibilité de vous donner une estimation immédiatement.*
- *Nous nous voyons dans l'obligation de saisir notre service contentieux.*
- *C'est avec regret que nous vous informons de la décision de notre client.*
- *Nous sommes au regret de vous faire savoir que votre candidature ne correspond pas aux critères d'attribution de la Légion d'honneur.*

ACCUSER RÉCEPTION

> Faire référence à quelque chose, pages 139, 168

- *Suite à votre courrier du 18 février, …*
- *Suite à notre entretien / conversation téléphonique du 18 (du mois) courant.*
- *Conformément à notre accord téléphonique d'aujourd'hui, …*
- *En réponse à votre lettre du 18 février, …*

11

- *Je vous remercie de votre lettre du 18 février.*
- *Votre courrier du 18 février a retenu toute notre attention.*
- *Nous avons pris connaissance / bonne note de votre lettre du 18 février.*
- *Nous vous remercions de votre lettre du 18 février.*
- *Nous accusons réception de votre courrier du 18 février.*

FAIRE RÉFÉRENCE À QUELQUE CHOSE

- *Je vous envoie les modifications concernant le dossier Tambour.*
- *En ce qui concerne / Concernant votre stage, …*
- *Quant / Relativement à votre commande 157, …*
- *Nous avons reçu les informations au sujet / à propos des articles manquants.*

CONSTATER

- *Je constate que vous n'avez pas encore réglé votre facture.*
- *Je note que vous avez envoyé les documents requis.*
- *Nous avons pris (bonne) note de vos coordonnées.*

REGRETTER

> Regret, page 107

- *Nous regrettons de ne pouvoir vous satisfaire.*
- *Nous regrettons le désagrément subi.*
- *Nous avons le regret de ne pouvoir satisfaire votre demande.*
- *Nous sommes au regret de vous annoncer la fin de notre collaboration.*

ACCEPTER

> Accepter, page 31

- *Nous acceptons votre proposition.*
- *Nous consentons à baisser nos tarifs de 5 %.*
- *Nous sommes disposés / prêts à vous faire une remise de 10 %.*

MANIFESTER DE L'INTÉRÊT

> Intérêt, page 87

- *Nous sommes intéressés par votre offre.*
- *Nous nous intéressons à l'ensemble de vos produits.*
- *Votre catalogue nous intéresse vivement.*
- *Votre proposition nous a particulièrement intéressés.*

PROMETTRE / RASSURER

> Promettre, page 16

- *Vous pouvez compter sur notre collaboration.*
- *Vous pouvez être assuré(e) de notre engagement.*
- *Nous nous engageons à vous répondre dans les plus brefs délais.*
- *Soyez persuadé(e) que le nécessaire sera fait.*

11

PROTESTER

➤ Réclamer, page 69

➤ Protester, page 155

→ Dans une première lettre de protestation, plutôt que d'utiliser des termes forts, manifestez votre surprise :

○ *Nous sommes surpris de ne pas avoir reçu de réponse.*

○ *Je m'étonne de votre silence.*

→ Pour une deuxième lettre, on peut écrire :

○ *À défaut de paiement de votre part, nous sommes obligés / nous nous voyons contraints de vous facturer des intérêts de retard.*

COMMANDER

➤ Commander un produit, page 68

○ *Veuillez m'adresser / m'envoyer les articles suivants : ...*

○ *Je vous prie de m'adresser / m'expédier les accessoires suivants : ...*

○ *Nous vous demandons de nous faire parvenir, dans les plus brefs délais, les articles qui suivent : ...*

○ *Après avoir consulté votre catalogue, nous vous passons commande de deux lampadaires dont la référence est Fs 2515.*

RAPPELER QUELQUE CHOSE

➤ Rappeler quelque chose à quelqu'un, page 139

○ *Je vous rappelle notre rendez-vous du 18 février.*

○ *Je me permets de vous rappeler que vous n'avez pas encore réglé notre facture 1254.*

○ *Je crois utile de vous rappeler les consignes de sécurité.*

○ *Nous nous référons à notre lettre du 18 février vous demandant de régler votre facture.*

ANNEXER

○ *Veuillez trouver sous ce pli le bon de commande.*

○ *Veuillez trouver ci-joint un justificatif de domicile.*

○ *Vous trouverez en annexe / en pièce jointe mon curriculum vitae.*

○ *En annexe, vous trouverez le formulaire à remplir.*

○ *Nous vous envoyons par la présente une invitation à l'inauguration de notre nouveau magasin.*

S'EXCUSER

➤ Renouveler des excuses, page 170

➤ S'excuser, page 158

○ *Veuillez m'excuser pour ce retard de paiement.*

○ *Veuillez accepter toutes nos excuses pour cet oubli.*

○ *Je vous prie de (bien vouloir) m'excuser pour mon absence.*

○ *Vous voudrez bien nous excuser pour cet incident.*

○ *Nous tenons à vous présenter nos excuses pour ce fâcheux contretemps.*

11

CONCLURE

→ Les exemples qui suivent précèdent les formules de salutation.

ATTENDRE

o *Dans l'attente de votre réponse, ...*
o *En attendant votre réponse, ...*
o *Comptant sur une réponse rapide de votre part, ...*

ESPÉRER

➤ Espérance, page 104

o *Nous espérons que notre offre vous satisfera et ...*
o *Dans l'espoir d'une réponse favorable / positive, ...*
o *En espérant que vous nous garderez toute votre confiance, ...*

RENOUVELER DES EXCUSES

➤ S'excuser, pages 158, 169

o *En vous renouvelant mes excuses, ...*
o *Nous vous renouvelons nos excuses pour ...*

REMERCIER

➤ Remercier, page 16

o *Vous remerciant par avance,*
o *Avec nos remerciements (anticipés),*
o *Nous vous remercions d'avance / par avance / à l'avance de votre attention et ...*

RESTER À LA DISPOSITION DE QUELQU'UN

o *Restant à votre disposition pour tout renseignement complémentaire, ...*
o *Me tenant à votre disposition, ...*
o *Je reste à votre (entière) disposition pour tout renseignement complémentaire et ...*

SALUER

→ Toutes ces formules de salutation valent indifféremment pour les hommes et les femmes.

→ Reprenez la formule d'appel du début de la lettre.

➤ S'adresser au destinataire, page 166
➤ Débuter une lettre, page 171

o *Veuillez agréer / recevoir / accepter, Madame, l'expression de mes salutations distinguées.*
o *Je vous prie d'agréer, Monsieur le directeur, l'assurance de mes sentiments les meilleurs.*
o *Veuillez croire, Madame la présidente, à l'assurance de mes salutations distinguées / les meilleures.*
o *Je vous prie de recevoir / d'accepter, cher client, mes cordiales salutations / mes sentiments distingués.*
o *Nous vous prions de croire, Madame, à nos sentiments dévoués. [pour un client]*

11

→ Dans un courriel, on utilise
des formules plus simples :
- ○ *Salutations distinguées,*
- ○ *Sincères / Meilleures salutations,*
- ○ *(Bien) Cordialement,*
- ○ *Cordiales salutations,*
- ○ *Bien à vous,*

→ En bas de page, vous pouvez
indiquer les pièces jointes :
- ○ *PJ. pièce d'identité / CV / contrat*
- ➤ Écrire l'adresse sur une enveloppe, page 172
- ➤ Courriers / courriels administratifs, page 172

CORRESPONDANCE PRIVÉE

DEBUTER UNE LETTRE

➤ Saluer, page 12

→ À une connaissance :
- ○ *Cher Monsieur,*
- ○ *Chère Madame,*

→ À un familier :
- ○ *Cher Omar,*
- ○ *Chère Tania,*
- ○ *Bonjour,*
- ● *Coucou,*
- ● *Salut,*

CONCLURE

➤ Saluer, page 170

→ À une connaissance :
- ○ *Cordialement,*
- ○ *Sincèrement,*
- ○ *Amicalement,*

→ À un familier :
- ○ *Amitiés,*
- ○ *Affectueusement,*
- ○ *Bons baisers,*
- ● *Je t'embrasse (tendrement),*
- ● *(Grosses) Bises. / (Gros) Bisous,*

PETIT MOT / POST-IT

- ○ *Urgent. Passez voir M. Quinton,
SVP.* [SVP = s'il vous plaît]
- ○ *Passer chez le teinturier.*
- ● *N'oublie pas de rapporter
du pain !*
- ● *Ta mère a téléphoné, rappelle-la,
STP.* [STP = s'il te plaît]

SMS / TEXTO

→ Quand on envoie un SMS ou quand
on communique sur les réseaux
sociaux, on n'hésite pas à maltraiter
la syntaxe et l'orthographe
et à utiliser de mystérieuses
abréviations. Voici quelques
exemples :
- ● *a +* [= À plus tard]
- ● *biz* [= bises]
- ● *dsl* [= désolé(e)]
- ● *g fi* [= J'ai faim]
- → *jtm* [= Je t'aime]
- ● *mdr* [= mort de rire]
- ● *msg* [= message]
- ● *pk* [= pourquoi]
- ● *qqc* [= quelque chose]
- ● *qq1* [= quelqu'un]
- ● *t ou* [= Tu es où ?]
- ● *lol* [= (laughing out loud) = mort de rire]

COURRIERS / COURRIELS ADMINISTRATIFS

PRÉSENTATION D'UNE LETTRE TYPE

Léïla Cordesse
38, rue Boris Vian
75019 Paris ———————————————— votre adresse, l'expédition

EDF-GDF
65, quai de Seine
75019 Paris ———————————————— l'adresse du destinataire

Réf. : 07527 526 ———————————————— vos références
Objet : Prélèvement automatique ——————— motif de la lettre

Paris, le 26 janvier 20... ——— lieu et date

Madame, Monsieur, ———————————————— la formule d'appel

Je vous demande de bien vouloir m'envoyer les ——— le corps de la lettre
informations nécessaires afin de pouvoir payer
mes factures d'électricité par prélèvement
automatique.

Dans l'attente de votre réponse, je vous prie ——— la formule de politesse
d'agréer, Madame, Monsieur, mes salutations
distinguées.

Léïla Cordesse ——— la signature

ÉCRIRE L'ADRESSE SUR UNE ENVELOPPE

Madame Huguette Peyot
24, av. Gambetta
84000 AVIGNON
France

Abréviations utilisées dans une adresse :
av. = avenue
bd = boulevard
imp. = impasse
bât. = bâtiment
St(e) = Saint(e)
BP = boite postale
CEDEX = Courrier D'Entreprise À Distribution EXceptionnelle

LETTRE DE DEMANDE D'INFORMATION

J. Matignon
15 rue de Varennes
78000-VERSAILLES

Versailles, le 15 décembre 20...

Madame, Monsieur,

Je vous prie de bien vouloir m'envoyer votre catalogue à l'adresse ci-dessus.
Pourriez-vous, d'autre part, me dire de quels pays proviennent vos produits et s'ils sont fabriqués de façon éthique (respect des lois sociales et de l'environnement, producteurs rétribués équitablement) ?

En vous remerciant par avance, je vous prie d'agréer, Madame, Monsieur, mes salutations distinguées.

J. Matignon

11

D-Formation
12 quai Malaquais
75006-PARIS

Paris, le 15 décembre 20...

Monsieur,

Nous avons bien reçu votre demande de stage du 22 novembre.
Nous avons le plaisir de vous faire savoir que votre candidature a été retenue.
Nous vous prions donc de nous faire parvenir, dans les meilleurs délais, la photocopie de votre titre de séjour, un certificat de naissance et un certificat de scolarité de l'année en cours à notre service des ressources humaines qui prendra contact avec vous.

Veuillez agréer, Monsieur, nos salutations distinguées,

Émilie Durand

Ivan Desetov
23 rue Volta
94000-CRÉTEIL

Créteil, le 23 décembre 20...

Madame,

Suite à votre courrier du 15 décembre, je vous fais parvenir les documents demandés :
la photocopie de mon titre de séjour, un certificat de naissance en bulgare ainsi que sa traduction officielle en français et un certificat de scolarité.

Veuillez agréer, Madame, mes salutations les meilleures.

Ivan Desetov

Eva Manya
38, rue Boris Vian
75019 Paris

Paris, le 2 février 20...

Madame, Monsieur,

Après avoir consulté votre catalogue, j'ai décidé de vous passer commande d'un service de porcelaine Limoges blanc, 32 pièces, référence LIM 26 01 (Cf. bon de commande).
Veuillez trouver ci-joint un chèque de 369,99 € en règlement de cette commande, à faire parvenir à l'adresse ci-dessus.

Vous remerciant par avance, je vous prie d'agréer, Madame, Monsieur, l'expression de mes sentiments distingués.

Eva Manya

À : eva.manya@free.fr

Cc :

Objet : Votre commande du 2 février

Votre numéro de client : 19 745
Votre numéro de commande : 6376345

Chère Madame,

Je suis heureux de vous annoncer que ce jour nous avons expédié votre colis sous le numéro Colissimo 6Q0013.

Qté	Désignation	article Référence
1	Limoges blanc	LIM 26 01

Vous pourrez suivre dès demain votre So Colissimo sur www.redoutable.fr depuis l'onglet «suivre mes commandes».

Merci de votre confiance et à très bientôt.

Cordialement,

André SANFRAPÉ
Relation Clients

11

J. Matignon
15 rue de Varennes
78000-VERSAILLES

Paris, le 15 décembre 20...

Madame, Monsieur,

N'ayant pas reçu votre catalogue, je suis dans l'impossibilité de passer commande des produits qui m'intéresseraient.
Comme la saison des fêtes approche, je me vois donc obligé de me retourner vers une autre société qui, je l'espère, sera plus attentive aux souhaits de ses clients.

Recevez mes salutations.

J. Matignon

Eva Manya
38, rue Boris Vian
75019 Paris

Commande n°8376345

Paris, le 25 mars 20...

Monsieur,

Je suis surprise de ne pas avoir reçu ma commande d'un service Limoges blanc (références ci-dessus). Vous m'aviez pourtant annoncé son envoi le 13 février. Et nous sommes maintenant le 25 mars !
Je vous prie de bien vouloir faire le nécessaire pour me renvoyer le service commandé.

Veuillez agréer, Monsieur, mes salutations distinguées.

Eva Manya

Omar Gatlato
16 rue Paul Eluard
38200-BESANÇON

Contrat n°123abc258

Besançon, le 15 décembre 20...

Madame, Monsieur,

Par la présente, je vous fais part de ma décision de résilier mon contrat Providencia B (références ci-dessus).
Vu la qualité de votre information et de vos relations avec la clientèle, ce geste me semble tout naturel.

Avec mes salutations,

Omar Gatlato

À : eva.manya@free.fr

Cc :

Objet : Votre commande 8376345

Chère Madame,

Veuillez accepter toutes nos excuses pour le retard dans la livraison du service Limoges que vous avez commandé.

Après vérification, il apparaît que Colissimo a égaré l'envoi qui vous était destiné. Nous regrettons beaucoup cet incident, dont nous ne sommes pas responsables.

Nous vous faisons livrer aujourd'hui même, et par notre propre service de livraison, la commande que vous attendez. Vous recevrez par la même occasion, en dédommagement, un bon d'achat de 100 € et nous espérons que vous garderez votre confiance en notre maison.

En vous renouvelant nos excuses, nous vous prions d'agréer, Chère Madame, nos salutations les plus cordiales,

André SANFRAPÉ
Relation Clients

LETTRE DE REMERCIEMENT

Joseph Paoli
40, rue Boris Vian
38000 Grenoble

        Grenoble, le 23 décembre 20...

Monsieur,

Je vous remercie de votre envoi du 15 courant. Votre brochure me permettra de programmer mes vacances dans votre belle région.

Veuillez agréer, Monsieur, mes salutations les meilleures.

Joseph Paoli

CORRESPONDANCE PRIVÉE

COURRIELS

À : beatrice.costa@gmail.com
Cc :
Objet : Ça va ?

        le 12/02/15

Coucou Béa,

Ça va ?
Tu nous manques trop.
Puisque tu ne viens plus aux répétitions pour le spectacle, on pourrait prendre un café après mon travail ou déjeuner quelque part.
Qu'est-ce que tu en penses ?

Bises,
Manu

À : e.asti@hotmail.com
Cc :
Objet : Nouvelles

        le 22/02/15

Salut Manu,

Ça va bien.
Oui, ça fait longtemps. Vous me manquez aussi, mais je suis très occupée ces jours-ci. Mon chef va venir la semaine prochaine pour superviser mon travail. Je me sens un peu fatiguée et un peu stressée ! Après m'être débarrassée de mon patron, je reviendrai aux répétitions.
En fait, j'ai besoin de toi et de tes connaissances pour mon blog. On pourrait en discuter un midi. Viens avec Clotilde. Tu ne me parles pas d'elle. Elle va bien ?
En tout cas, merci de ne pas m'oublier.

Bisous,
Béa

CARTES POSTALES

Bons souvenirs de Bretagne à vous quatre ! Famille Lopez	M. et Mme Peyot et leurs enfants 24, av. Gambetta 84000 AVIGNON

Salut les amis, Nos vacances se passent très bien. Le soleil est là et la température est estivale. Nous vous embrassons très fort. Yannick et Émilie PS. : L'avion arrive à 5 h du matin dimanche prochain ! Rendez-vous à l'aéroport.	M. et Mme Thierry 24, rue Molière 76000 ROUEN

11

INVITATIONS

Pour les invitations et les faire-part, l'imagination est désormais au pouvoir et chacun libère sa créativité.

Vous êtes cordialement conviés à la réception que nous donnerons à l'occasion de notre 20ᵉ anniversaire de mariage, dans les salons de l'hôtel Maurice.

Bernard et Sophie Stiqué
12 rue Tabaga
33000 - Bordeaux

Samedi, c'est mon anniv. 16 ans déjà, j'y crois pas !
Tu viens à ma teuf ?

LAURA

[anniv = anniversaire]
[teuf = fête]

FAIRE-PART

Ne pas confondre un faire-part qui est une simple information (mariage, anniversaire, décès et cérémonie religieuse) et une invitation qui vous convie à un repas, une fête…

Enfin ! Papa et Maman se marient à la mairie de Pontarlier, samedi 15 juin à 10 h 30 !

Jules

Notre petite princesse est née. Alphonse est fier de sa petite sœur Cécile.

Nous vous remercions de la jolie attention témoignée à l'occasion de la naissance de Cécile.

Lord et Lady Commandement ont la joie de vous faire part de la naissance de Charles-Édouard le 30 mars.

15 rue de Passy
91120-PALAISEAU

M. Laurent Barre a la douleur de vous faire part du décès de Geneviève Caran-Barre, sa mère, à l'âge de 102 ans. Les obsèques auront lieu le 15 novembre en l'église Saint-Pierre-de-Neuilly.

Ni fleurs, ni couronnes. Dons à la Fondation contre le cancer.

SMS / TEXTO

On va au cinéma jeudi ?

OK, j'aimerais bien voir le dernier Tarantino.

T OU ? JE TATEN 2OR CPA5PA BIZ

[Tu es où ? Je t'attends dehors. C'est pas sympa. Bises]

SLT C OK JARIV JTM

[Salut, c'est d'accord, j'arrive, je t'aime.]

11

RÉSIDER EN FRANCE

RÉSIDER EN FRANCE

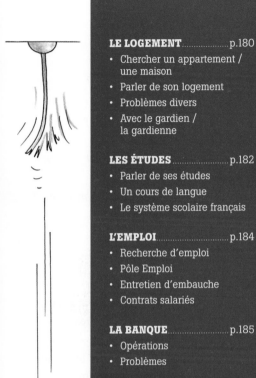

CONVERSATIONS p.190

Cet appartement est en mauvais état, non ?

12. Résider en France

LE LOGEMENT

> Lieu d'habitation, page 48
> Parler d'un lieu, page 55

En France, quand on donne le nombre de pièces d'un logement, on ne compte ni la cuisine ni la salle de bains.

CHERCHER UN APPARTEMENT / UNE MAISON

LORS DE LA RECHERCHE

→ Si vous voulez louer ou acheter un appartement ou une maison, vous pouvez dire :

○ *Je téléphone à propos de votre annonce.*

○ *Je vous appelle pour le deux-pièces.*

○ *Je viens pour l'annonce parue dans le journal.*

○ *Le studio est toujours libre ?*

○ *C'est libre tout de suite ?*

○ *Il se situe où exactement ?*

○ *Le quartier est calme / commerçant / bien desservi (par les transports en commun) ?*

○ *Quel est l'arrêt de bus le plus proche ?*

○ *Il fait combien de mètres carrés ?*

○ *La cuisine est-elle équipée ?*

○ *Il est à quel étage ?*

○ *Il y a un(e) gardien(ne) / un ascenseur / un digicode / un parking ?*

○ *Quel est le montant du loyer / de la caution ?*

○ *Les charges sont comprises ?*

En France, les dépenses d'entretien de l'immeuble (les charges) sont à la charge du propriétaire ou du locataire.

→ On peut vous répondre :

○ *Le bail est d'un an minimum.*
[bail = contrat de location]

○ *C'est un appartement tout confort : vous avez le chauffage au gaz et tous les équipements électroménagers.*

○ *Vous avez un garant ?* [garant = personne qui devra payer le montant du loyer si vous ne le faites plus]

○ *Venez avec vos fiches de paye / un relevé d'identité bancaire / RIB !*

Abréviations les plus courantes utilisées dans les petites annonces :
ap. 20 h : après 20 h
asc. : ascenseur
ét. : étage
F4 : quatre-pièces
m° : métro
m² : mètres carrés
park. : parking
part. : particulier
tél. : téléphone
tt cft : tout confort
vd : vend

LORS DE LA VISITE

- Ce studio / Cet appartement me convient parfaitement.
- C'est un peu cher pour ce que c'est.
- Il y a le chauffage central ?

→ Défauts à signaler au propriétaire avant de rédiger l'état des lieux (document que le locataire et le propriétaire doivent signer avant l'emménagement) :

- Il y a des travaux à faire.
- Le papier-peint est décollé.
- Cet appartement est sale / en mauvais état.
- Le parquet est abîmé.
- La fenêtre ne ferme pas bien.
- L'installation électrique est défectueuse.
- La peinture s'écaille.

PARLER DE SON LOGEMENT

- J'habite dans un appartement.
- Je vis dans un studio minuscule / sombre.
- Mon immeuble est bruyant / tranquille.
- J'habite dans une maison spacieuse / ensoleillée / moderne.
- C'est exposé plein sud.
- Ma maison est ancienne / pittoresque.
- J'ai installé une chambre et une salle de bains dans le grenier.
- Je suis propriétaire / locataire.
- J'ai un bail de trois ans.

- Je partage un appartement / un logement avec d'autres étudiants.
- J'habite dans une résidence universitaire.
- J'ai une résidence secondaire / une maison à la campagne.
- ✕ Je vais pendre la crémaillère.
  [= Je vais organiser une petite fête en l'honneur de ma nouvelle maison.]

PROBLÈMES DIVERS

- Il y a une fuite d'eau.
- L'ascenseur est en panne.
- Des carreaux sont tombés dans la salle de bain.
- Il n'y a plus d'eau chaude.

AVEC LE GARDIEN / LA GARDIENNE

- Vous avez du courrier pour moi ?
- J'attends une lettre recommandée. Vous voulez bien la prendre pour moi ? Je vous signe une procuration.
  [La procuration est nécessaire pour recevoir un recommandé au nom de quelqu'un d'autre.]
- J'attends une livraison, je peux vous laisser mes clés ?
- J'ai laissé mes clés à l'intérieur, vous connaissez le numéro de téléphone d'un serrurier ?
- Mes voisins font toujours beaucoup de bruit la nuit, vous pouvez faire quelque chose ?

Il est d'usage de donner, pour la nouvelle année, quelques dizaines d'euros au gardien de son immeuble. Ce sont les étrennes.

12

LES ÉTUDES

PARLER DE SES ÉTUDES

○ Vous êtes dans / en quelle classe ?

○ Vous êtes en terminale ?

○ Vous êtes en quelle section ?
[section = option d'études : sciences, littéraire ...]

○ Vous avez bac+2 / bac+4 ?
[bac + 2 = lycée + deux années d'études supérieures]

○ Quel est votre niveau d'études ?

○ Vous êtes étudiant en quoi ?

○ Je suis étudiant(e) à l'université de Rouen / à la fac de lettres.

○ J'étudie le droit, je veux être avocat(e).

○ Je fais / suis une formation en gestion d'entreprise.

○ J'ai un master en / d'économie.

○ Je suis en doctorat à Sciences Po. [Sciences Po = l'Institut d'études politiques]

○ Je fais des études en alternance.
[une période en cours et une autre en entreprise]

○ Je suis en internat.

○ Je suis étudiant Erasmus.

Le programme Erasmus consiste en un échange d'étudiants universitaires entre les différents pays ayant signé un accord.
Cela comprend les pays de l'Union européenne entre autres.
Pour cela, l'étudiant doit avoir terminé sa première année d'études universitaires et être citoyen de l'Union Européenne.

UN COURS DE LANGUE

○ Je voudrais m'inscrire à un cours de français.

○ Je voudrais faire du français écrit / oral.

○ Je voudrais suivre un cours de conversation / de phonétique.

○ Je suis intéressé(e) par un cours de français par le théâtre.

○ Je voudrais me préparer au DELF / TCF. [DELF et TCF = certificats de langue française.]

○ Quels sont les horaires possibles ?

○ Quelle méthode utilisez-vous ?

○ Est-ce que vous utilisez un manuel ?

○ Est-ce que le livre est fourni ?

○ Il y a un examen à la fin ?

○ Est-ce qu'on reçoit un diplôme ?

○ Vous donnez des cours en entreprise / des cours particuliers / des cours par correspondance ?

→ On peut vous dire :

○ Quel est votre niveau ?

○ Intensif ou extensif ?

○ Vous voulez un cours individuel ou collectif ?

○ Quel diplôme souhaitez-vous préparer ?

○ Vous devez passer un test d'orientation pour connaître votre niveau.

○ Vous préférez des cours en journée ou le soir ?

12

LE SYSTÈME SCOLAIRE FRANÇAIS

La scolarité est obligatoire et gratuite
de 6 à 16 ans.

ÉTABLISSEMENTS	ÂGES	NIVEAUX	DIPLÔMES
École maternelle	à partir de 2/3 ans	• petite section • moyenne section • grande section	
École primaire / élémentaire	6-11 ans	• cours préparatoire (CP) • cours élémentaire 1re année (CE1) • cours élémentaire 2e année (CE2) • cours moyen 1re année (CM1) • cours moyen 2e année (CM2)	
Collège	12-15 ans	• sixième (6e) • cinquième (5e) • quatrième (4e) • troisième (3e)	> Brevet des collèges
Lycée	16-18 ans	• seconde (2de) • première (1re) • terminale (Tale)	> CAP * > BEP ** > Baccalauréat
Université / grandes écoles	à partir de 18 ans		> Licence (3 ans) > Master 1 > Master 2 / Diplôme d'ingénieur > Doctorat
Institut Universitaire de Technologie			> DUT *** (deux ans)

* CAP = Certificat d'Aptitude Professionnelle
** BEP = Brevet d'Études Professionnelles
*** DUT = Diplôme Universitaire de Technologie

En France, on note les élèves en général
sur 10 (dans le primaire) ou sur 20
(à partir du collège).
Ces notes correspondent aux mentions
suivantes :
10/20   = passable
12/20   = assez bien
14/20   = bien
16/20   = très bien
Dans certaines matières, littéraires
notamment, il est rare que la note
maximale dépasse 16/20.

12

L'EMPLOI

➤ Profession, page 49

RECHERCHE D'EMPLOI

- *Je suis à la recherche d'un emploi.*
- *Je cherche un stage en marketing.*
- *Je suis sans emploi.*
- *Je suis au chômage.*

PÔLE EMPLOI

Pôle Emploi est un organisme public chargé de proposer un travail aux demandeurs d'emploi et d'indemniser les chômeurs.

- *Je viens pour m'inscrire.*
- *J'ai été licencié(e).*
- *C'est un licenciement économique.*
- *Mon contrat a pris fin vendredi dernier.*
- *Je suis à la recherche d'un poste de secrétaire.*
- *J'ai fait un stage de perfectionnement en anglais.*
- *J'ai suivi une formation de grutier.*

→ **On peut vous dire :**
- *Quel type d'emploi recherchez-vous ?*
- *Vous avez apporté un curriculum vitae / un CV ?*
- *Veuillez remplir ce formulaire.*
- *Vous avez de l'expérience (professionnelle) ?*
- *Pour vous aider, vous allez faire un test psychotechnique.*

ENTRETIEN D'EMBAUCHE

→ **Vous pouvez dire :**
- *Bonjour, je suis Mme Laplace. J'ai rendez-vous avec M. Bertrand.*
- *Comme vous l'avez lu dans mon CV, j'ai quinze ans d'expérience dans cette branche.*
- *En quoi consiste ce travail ?*
- *Quelle est la définition du poste ?*
- *Quels sont les horaires de travail ?*
- *Quel est le salaire ?*

→ **On peut vous dire :**
- *Parlez-nous de votre expérience professionnelle !*
- *Pourquoi avez-vous choisi notre entreprise ?*
- *Quelles sont vos principales qualités ?*
- *Vous êtes disponible à partir de quand ?*
- *Est-ce que vous accepteriez des horaires flexibles ?*
- *Nous vous recontacterons.*
- *On vous téléphonera.*

CONTRATS SALARIÉS

Intérim : l'intérimaire travaille de façon ponctuelle, souvent pour une courte durée (remplacement).
CDD : contrat à durée déterminée.
CDI : contrat à durée indéterminée.

- *Nous vous proposons un CDI avec une période d'essai de six mois.*
- ✱ *Il travaille au noir.* [= Il travaille sans être déclaré.]

LA BANQUE

- *Je vais passer à la banque.*
- *Je vais retirer de l'argent / des espèces au distributeur (automatique).*

➤ Chercher un lieu, page 64

OPÉRATIONS

AU GUICHET

➤ Changer de l'argent, page 17

- *Je voudrais voir mon conseiller.*
- *Quelles sont les formalités pour ouvrir un compte ?*
- *Je voudrais retirer 1 000 euros sur mon compte courant.*
- *Je voudrais faire un virement à l'étranger.*
- *Je voudrais commander un carnet de chèques.*
- *C'est pour une remise de chèque.* [pour déposer un chèque]
- *Je voudrais ouvrir un compte épargne.*
- *C'est pour déposer de l'argent sur mon compte courant.*
- *Je voudrais solder mon compte.* [pour fermer un compte]

→ **L'employé(e) peut vous dire :**
- *Adressez-vous au guichet 6 / à la caisse.*
- *Quel est votre numéro de compte ?*
- *Pourriez-vous endosser ce chèque ?* [endosser un chèque = signer un chèque]
- *Veuillez signer ici.*

AU DISTRIBUTEUR AUTOMATIQUE

- *Introduisez votre carte.*
- *Composez votre code secret à l'abri des regards.*
- *Reprenez votre carte.*

PROBLÈMES

- *J'attends un virement depuis une semaine et il n'est pas encore arrivé.*
- *J'ai perdu ma carte de crédit. Je voudrais faire opposition.*
- *On m'a volé mon chéquier. Que dois-je faire ?*
- *Je paie des agios, car je suis à découvert.* [à découvert = solde débiteur]
- *Je suis interdit bancaire.* [interdiction d'émettre des chèques]
- *Elle m'a fait un chèque sans provision.* [sans provision = pas d'argent sur le compte]
- ✖ *Il m'a fait un chèque en bois.* [= Elle m'a fait un chèque sans provision.]
- ✖ *Je suis à découvert. / Je suis dans le rouge.* [= Mon compte en banque a un solde débiteur.]

L'ORDINATEUR / L'INFORMATIQUE

PRINCIPALES ACTIONS

ORDINATEUR

- *Allumer / Éteindre l'ordinateur.*
- *Brancher l'ordinateur portable.*

DOCUMENTS

- *Ouvrir un fichier / un document.*
- *Créer un fichier / un dossier.*
- *Fermer un fichier.*
- *Quitter.*

OUTILS

- *Sélectionner un texte / une photo.*
- *Faire un copier-coller.*
- *Insérer / Déplacer des informations.*
- *Supprimer des données.*
- *Mettre un document à la corbeille.*
- *Enregistrer / Graver sur un CD / un DVD.*
- *Télécharger un fichier.*
- *Sauvegarder un document.*
- *Stocker des données.*
- *Enregistrer / Mettre sur une clé USB.* [USB = Universal Serial Bus, support de stockage amovible]

FONCTIONS

- *Cliquer sur une icône dans la barre d'outils.*
- *Cliquer sur un lien.*
- *Cliquer deux fois. / Double-cliquer.*
- *Ouvrir / Fermer / Réduire une fenêtre.*
- *Créer un raccourci / un lien.*

PROBLÈMES

→ **Votre ordinateur fonctionne mal :**
- *Le scanner / Le modem est déconnecté.*
- *Il faut réinstaller ce programme / ce logiciel.*
- *L'ordi déconne.*
- *Il a planté.* [= Il est bloqué.]

→ **Votre imprimante a des problèmes :**
- *L'imprimante ne marche / ne fonctionne pas.*
- *Il y a un bourrage.* [bourrage = papier coincé]
- *Il n'y a plus d'encre.*
- *L'impression n'est pas bonne.*
- *Tout est imprimé de travers.*

INTERNET

CONNECTION

- *Se connecter sur Internet.*
- *Se déconnecter.*
- *Se brancher sur le net.*

→ **Si vous avez des problèmes :**
- *Je n'arrive pas à me connecter.*
- *Le réseau est saturé.*
- *La connexion est impossible.*

COMMUNIQUER

- *Consulter ses e-mails / courriels.*
- *Regarder sa messagerie.*
- *Envoyer un message.*
- *Recevoir des e-mails.*
- *Joindre un fichier attaché.*
- *Activer le contrôle parental.*
- *Avoir un compte / Être sur Facebook / Instagram / Twitter...*
- *Avoir un pseudo / pseudonyme.*

- Avoir Skype.
- Enregistrer une adresse / un e-mail dans le carnet d'adresses.
- Ajouter un site aux favoris.
- On se skype ?
- Je te maile.
- On chate demain ?

À savoir pour dicter ou noter une adresse :
@ = arobase / at
- = tiret
_ = tiret bas / underscore
.fr = point fr

LES LOISIRS

➤ Les sorties, page 31
➤ Les rendez-vous, page 32

AU MUSÉE

Informations à l'entrée :
- Ouvert tous les jours sauf le mardi
- Le musée est ouvert de 10 h à 19 h sans interruption
- Dernier accès à 18 h 30
- Fermeture pour travaux
- Interdiction de photographier ou de filmer
- Les flashs sont interdits
- Ne pas toucher

- Une entrée, s'il vous plaît. C'est combien ?
- Il y a une réduction pour les moins de 25 ans ?
- Est-ce qu'il y a une visite guidée (en anglais / en espagnol) ?
- La prochaine visite guidée est à quelle heure ?
- Est-ce qu'il y a un accès pour les fauteuils roulants ?

AU KIOSQUE À JOURNAUX

- Est-ce que vous avez des journaux / magazines japonais / libanais ?
- Le Parisien, s'il vous plaît !
- Vous avez une revue d'art contemporain ?
- Je cherche un magazine sur le cinéma. Vous avez ça ?

AU THÉÂTRE OU À L'OPÉRA

Informations à l'entrée :
- La location est ouverte de 10 h à 19 h
- Relâche le lundi

- Je voudrais deux billets pour Carmen, s'il vous plaît.
- Il y a un entracte ?

→ On peut vous dire :
- Pour quel jour ?
- Quel type de place ?

→ À l'entrée de la salle, on peut vous dire :
- Demandez le programme !
- Vos billets, s'il vous plaît !

AU CINÉMA

- Deux billets étudiants pour Intouchables, s'il vous plaît !
- Vous avez un siège pour enfant ?
- C'est en VO ? [VO = version originale]
- Le film dure combien de temps ?

→ On peut vous dire
- C'est salle 3, au fond du couloir.
- Le film va commencer dans quelques instants.

DANS UN CLUB DE SPORT

- *Qu'est-ce que vous proposez comme activités ?*
- *Quels sont les horaires et jours d'ouverture ?*
- *Quels sont vos tarifs ?*
- *Vous avez des cours en coaching ?*
- *Je voudrais m'inscrire à votre club.*

→ On peut vous dire :

- *Vous voulez un forfait mensuel ou annuel ?*
- *Apportez un certificat médical !*

DEVANT LA TÉLÉVISION

- *Où est le programme de la télé ?*
- *Qu'est-ce qu'il y a à la télé ?*
- *Je peux changer de chaîne ?*
- *Passe-moi la télécommande !*
- *Arrête de zapper, tu m'énerves !*
  [zapper = changer de chaîne]
- *Tu peux baisser le volume ?*

LA SANTÉ

CHEZ LE MÉDECIN

➤ État physique et santé, page 53

Informations à la porte d'un cabinet médical :
- *Consultations de 14 h à 18 h*
- *Uniquement sur rendez-vous*
- *Médecin conventionné*

Si le médecin est conventionné, les frais médicaux sont remboursés en partie ou en totalité par la sécurité sociale. Il peut vous délivrer une ordonnance.

L'ordonnance est nécessaire pour obtenir certains médicaments en pharmacie et leur remboursement.

Pour être mieux remboursé, il est conseillé de souscrire une mutuelle ou une assurance complémentaire.

➤ Proposer un rendez-vous, page 32
➤ Arriver à un rendez-vous, page 33

→ Le médecin peut vous dire :

- *Qu'est-ce qui ne va pas ?*
- *Vous souffrez ?*
- *Où est-ce que vous avez mal ?*
- *Vous avez pris votre température ?*
- *Enlevez votre chemise !*
- *Déshabillez-vous !*
- *Allongez-vous (sur le dos / sur le ventre / sur le côté) !*
- *Respirez fort ! / Ne respirez plus !*
- *Toussez !*
- *Je vais prendre votre tension.*
- *Je vais vous faire une ordonnance.*
- *Je vais vous prescrire des médicaments.*
- *Vous avez des allergies ?*
- *Je vais vous faire hospitaliser.*

→ Vous pouvez dire :

- *Je dois me faire vacciner contre la fièvre jaune.*
- *Il me faut un certificat médical.*

À LA PHARMACIE

→ Vous pouvez demander :

- *Je voudrais quelque chose pour la grippe.*

12

o *Je voudrais un sirop contre la toux.*

→ **Le pharmacien peut vous dire :**

o *Je vais vous donner des cachets / des comprimés / des pilules / des gélules / des suppositoires.*

o *Je peux vous donner un générique ?*
[générique = médicament identique à celui d'une marque, présenté sous sa dénomination internationale, en principe moins cher]

o *Vous avez une ordonnance ?*

o *Vous avez une mutuelle ?*

À L'HÔPITAL - AUX URGENCES

➤ En cas d'accident, page 75

o *Je viens pour une urgence : mon ami est tombé dans la rue.*

o *À votre avis l'attente est longue ?*

→ **Quand vous aurez été soigné(e), on peut vous dire :**

o *Passez à l'accueil pour remplir les formalités.*

o *Vous avez une carte vitale ?*
[carte vitale = carte à puce attribuée par la caisse d'assurance maladie]

o *Avez-vous une carte européenne de sécurité sociale ?*

o *Vous avez une assurance / une mutuelle ?*

o *Vous êtes accompagnée ?*

o *Vous voulez que j'appelle un taxi ?*

QUELQUES ABRÉVIATIONS ET SIGLES UTILISÉS EN FRANCE

A6	= autoroute A6
BD	= bande dessinée
CD	= compact disque
CFDT	= Confédération Française Démocratique du Travail (syndicat)
CGT	= Confédération Générale du Travail (syndicat)
Cité U	= cité universitaire
D25	= route départementale 25
DRH	= direction des ressources humaines
EDF	= Électricité de France
FO	= Force Ouvrière (syndicat)
HLM	= habitation à loyer modéré (logement social)
JT	= journal télévisé
Libé	= Libération (journal)
OGM	= organisme génétiquement modifié
ONG	= organisation non gouvernementale
ONU	= Organisation des Nations Unies
PDG	= président directeur général
RN7	= route nationale 7
RTT	= réduction du temps de travail
RATP	= Régie Autonome des Transports Parisiens
SDF	= sans domicile fixe
Sécu	= sécurité sociale
SMIC	= salaire minimum
SNCF	= Société Nationale des Chemins de fer Français
TGV	= train à grande vitesse

12

Résider en France

... EN QUOI CONSISTE CE TRAVAIL ?

🔊 **PISTE 69** AGENCE IMMOBILIÈRE

L'EMPLOYÉE — Agence de la Mairie, bonjour.

M. SENTIER — Bonjour madame, j'ai vu votre annonce pour un trois-pièces dans le XVIIIᵉ arrondissement. Il est toujours libre ?

L'EMPLOYÉE — Euh... oui, monsieur.

M. SENTIER — Où est-il situé exactement ?

L'EMPLOYÉE — Rue Jules Joffrin. C'est un quartier commerçant, mais la rue est calme.

M. SENTIER — Il est à quel étage ?

L'EMPLOYÉE — Au 5ᵉ. Il est exposé plein sud.

M. SENTIER — Il y a un ascenseur ?

L'EMPLOYÉE — Oui. C'est un immeuble ancien mais il a été rénové il y a deux ans. La salle de bains et les toilettes ont été complètement refaites.

M. SENTIER — Il y a un parking ?

L'EMPLOYÉE — Non.

M. SENTIER — Le loyer est de combien ?

L'EMPLOYÉE — 1 100 euros, charges comprises.

M. SENTIER — Oh, je peux le visiter aujourd'hui ?

L'EMPLOYÉE — Si vous voulez. Passez à l'agence en fin d'après-midi !

M. SENTIER — D'accord. Je passerai vers 5 h.

L'EMPLOYÉE — Pouvez-vous me donner votre nom ?

M. SENTIER — Je suis M. Sentier.

L'EMPLOYÉE — Bien, merci. À tout à l'heure, monsieur.

M. SENTIER — Au revoir.

➤ Le logement, page 180

12

🔊 **PISTE 70** ÉTAT DES LIEUX

L'AGENT IMMOBILIER	- Comme vous le voyez, cet appartement est en excellent état.
M.FLOQUET	- Allons voir la salle de bains… Regardez ! Il y a une fuite dans les toilettes. Vous voyez l'eau qui coule, non ?
L'AGENT IMMOBILIER	- Ah, oui ! Je vais noter ça.
M.FLOQUET	- Et là ? Il y a trois carreaux qui sont tombés. Il faudrait faire quelque chose.
L'AGENT IMMOBILIER	- C'est d'accord. L'agence s'en occupe cette semaine.
M.FLOQUET	- Merci. Je compte sur vous.

➤ Le logement, page 180

🔊 **PISTE 71** LE COURS DE FRANÇAIS

MME LI	- Bonjour. Je voudrais m'inscrire pour un cours de français.
L'EMPLOYÉE	- Oui, mademoiselle, intensif ou extensif ?
MME LI	- Extensif, je pense. Vous avez des cours en fin d'après-midi ?
L'EMPLOYÉE	- Oui, de 18 h à 20 h, du lundi au vendredi.
MME LI	- Il y a un test ?
L'EMPLOYÉE	- Oui, vous devez passer un test de niveau et ensuite on vous orientera dans la classe qui vous convient. Vu la façon dont vous parlez, vous serez certainement au niveau supérieur.
MME LI	- Oui, mais j'ai des problèmes à l'écrit. Je fais beaucoup de fautes d'orthographe.
L'EMPLOYÉE	- Si vous préférez, vous pouvez suivre un cours d'écrit. Signalez-le au professeur qui va vous tester.
MME LI	- D'accord. Vous utilisez un manuel ?
L'EMPLOYÉE	- Oui, il est fourni gratuitement lors de l'inscription.
MME LI	- Et il y a un examen à la fin du stage ?
L'EMPLOYÉE	- Oui, si vous le souhaitez, vous pouvez passer le DELF*. Si vous n'avez pas d'autres questions, vous pouvez vous rendre à l'orientation, c'est la porte en face. Et puis vous passerez à la caisse pour votre inscription définitive.
MME LI	- D'accord. Merci, madame.

* Diplôme d'Études de Langue Française

➤ Un cours de langue, page 182

🔊 **PISTE 72** À PÔLE EMPLOI

L'EMPLOYÉE	- Alors, M. Thomas, vous cherchez un emploi d'informaticien ?
M. THOMAS	- Oui. Je vous ai apporté un CV* actualisé.
L'EMPLOYÉE	- Merci. Je vois que c'est un licenciement économique. Est-ce que vous seriez intéressé par une formation ? Vous savez que vous y avez droit ?
M. THOMAS	- Éventuellement, oui. Vous pensez que je pourrai retrouver du travail assez facilement ?
L'EMPLOYÉE	- Je pense que oui, malgré la situation économique. Dans votre branche, il y a toujours de nouvelles offres. Vous pouvez consulter les offres d'emploi sur les panneaux à l'entrée de l'agence. De toute façon, dès que nous avons quelque chose, nous vous contacterons.
M. THOMAS	- J'envisage également de partir à l'étranger.
L'EMPLOYÉE	- Je vais vous donner l'adresse de Pôle emploi international. Ils éditent également un bulletin mensuel avec les offres d'emploi à l'étranger. Vous pouvez le trouver ici dans le hall.
M. THOMAS	- D'accord. Merci.

➤ L'emploi, page 184

*Curriculum Vitae

🔊 **PISTE 73** ASSISTANCE INTERNET

UN DISQUE	- Yuppie Assistance, bonjour. Veuillez patienter. Un assistant Yuppie va vous répondre immédiatement.
L'ASSISTANT	- Allô ?
M.NORMAND	- Bonjour. J'ai un problème. J'ai un abonnement illimité mais très souvent la liaison est coupée après quelques minutes.
L'ASSISTANT	- Quel est votre nom ?
M.NORMAND	- Normand.
L'ASSISTANT	- Votre numéro d'abonné ?
M.NORMAND	- B 124 356.
L'ASSISTANT	- Merci. C'est peut-être un problème de modem.
M.NORMAND	- Je ne crois pas. J'ai un autre serveur gratuit et tout fonctionne parfaitement.
L'ASSISTANT	- Il est possible que cela arrive aux heures de pointe dans votre zone géographique.
M.NORMAND	- Mais c'est très désagréable quand je charge des documents. Je paye assez cher !
L'ASSISTANT	- Je comprends, monsieur, je fais quelques vérifications et je vous rappelle.
M.NORMAND	- Bon. Merci.

➤ Internet, page 186

🔊 PISTE 74 À L'OPÉRA

LE CAISSIER	- Bonjour, monsieur.
M.BOULE	- Bonjour, je voudrais deux places pour *Les Noces de Figaro*.
LE CAISSIER	- Oui, à quelle date ?
M.BOULE	- Le 16 mars, c'est possible ?
LE CAISSIER	- Ah ! C'est complet. Mais il y a encore des places pour le lendemain.
M.BOULE	- Elles sont à combien ?
LE CAISSIER	- Il reste seulement des places à 40 euros, au premier balcon.
M.BOULE	- D'accord… Il n'y a pas de réduction pour les étudiants ?
LE CAISSIER	- Non, je regrette.
M.BOULE	- Bon, ça ne fait rien. Je peux payer par chèque ?
LE CAISSIER	- Ah, non ! Je suis désolé. Nous n'acceptons que les cartes de crédit ou les espèces. Vous voulez combien de places ?
M.BOULE	- Deux.
LE CAISSIER	- Cela fait 80 euros.
M.BOULE	- Bien. … Voilà.
LE CAISSIER	- Merci, monsieur… voici vos billets.

➤ Au théâtre ou à l'opéra, page 187

🔊 PISTE 75 À LA TÉLÉ

MME CARNOT	- Qu'est-ce qu'il y a à la télé ce soir ?
M. CARNOT	- Comme tous les samedis. À 8 h, les infos, ensuite de la pub, la météo, de la pub, le loto, un quart d'heure de pub…
MME CARNOT	- Ça, je sais et après ?
M. CARNOT	- Après tu as le choix entre une série policière française, des variétés, une série policière américaine, une série policière allemande ou un documentaire sur les ours polaires. Qu'est-ce que tu préfères ?
…	
MME CARNOT	- Si on allait au ciné ?

➤ Devant la télévision, page 188

CHEZ LE MÉDECIN

LE DOCTEUR	- Entrez, monsieur Lefèvre. Qu'est-ce qui vous arrive ?
M. LEFÈVRE	- Je pense que j'ai un début de grippe. J'ai mal à la tête et un peu de fièvre. J'avais 38 ce matin.
LE DOCTEUR	- Vous n'êtes pas vacciné ?
M. LEFÈVRE	- Non.
LE DOCTEUR	- Bien. On va voir ça. Retirez votre chemise. Je vais vous ausculter.

...

LE DOCTEUR	- Toussez !
M. LEFÈVRE	- Hum ! Hum !
LE DOCTEUR	- Plus fort !
M. LEFÈVRE	- Hum ! Hum ! Hum !
LE DOCTEUR	- Ne respirez plus !

UN INSTANT PLUS TARD

LE DOCTEUR	- Merci. Vous pouvez respirer. Je vois ce que c'est.
M. LEFÈVRE	- C'est grave, docteur ?
LE DOCTEUR	- Non. Simplement une rhino-pharyngite. Un gros rhume, quoi ! Je vais vous faire une ordonnance.

UNE DEMI-HEURE PLUS TARD, À LA PHARMACIE

LA PHARMACIENNE	- Bonjour, monsieur.
M. LEFÈVRE	- Bonjour, madame. Voilà mon ordonnance.
LA PHARMACIENNE	- Je peux vous donner le générique ?
M. LEFÈVRE	- Oui, bien sûr.
LA PHARMACIENNE	- Voilà. Ce sera tout ?
M. LEFÈVRE	- Non, je voudrais aussi quelque chose pour mon épaule. J'ai oublié d'en parler au docteur. J'ai assez mal là.

IL DÉSIGNE SON ÉPAULE DROITE

LA PHARMACIENNE	- Vous préférez une pommade ou des comprimés ?
M. LEFÈVRE	- Qu'est-ce que vous me conseillez ?
LA PHARMACIENNE	- Je peux vous donner une boîte de Nurovic.
M. LEFÈVRE	- C'est efficace ?
LA PHARMACIENNE	- Oui, vous prenez trois comprimés par jour, un avant chaque repas pendant une semaine.
M. LEFÈVRE	- Bien, merci. Je vous dois combien ?
LA PHARMACIENNE	- 26,30 euros, s'il vous plaît.

➤ La santé, page 188

INDEX

A

B

C

A

CHINOIS

JAPONAIS

ARABE

PAPIER À BASE DE FIBRES CERTIFIÉES

éditions didier s'engagent pour l'environnement en réduisant l'empreinte carbone de leurs livres. Celle de cet exemplaire est de :

650 g éq. CO_2

Rendez-vous sur www.editionsdidier-durable.fr

Achevé d'imprimer en avril 2015 par La Tipografica Varese Srl, Varese, Italie – Dépôt légal : 7924/02